日本史籍協會編

西鄉隆盛文書

東京大學出版會發行

西郷隆盛文書

緒言

西郷隆盛文書原題西郷隆盛書翰集ハ、本會ニ於テ薩長其他諸家ノ家藏中ヨリ翁ノ書翰ヲ始メ詩歌文稿ニ至ル迄ヲ蒐集セルモノニシテ、從來未發ノ史料頗ル尠カラズ、獨リ翁ガ安政以來國事ニ盡瘁セル事蹟ヲ不朽ナラシムルノミナラズ、偉人ノ精神ト面目トハ、此ノ史料ヲ通ジテ躍如タルモノアラン。

大正十二年一月

日本史籍協會

西郷隆盛文書　目次

〔　〕は推定　（　）大西郷全集所収

一	樺山三円（資之）宛	安政二年八月三日	（一・一八）	一
二	樺山三円宛	安政二年八月二〇日	（一・一九）	二
三	樺山三円宛	安政二年一〇月四日	（一・二七）	三
四	有村雄介宛	安政五年一月三日	（一・八三）	三
五	吉田七郎宛	安政六年四月二一日	（一・一五七）	四
六	琉仲為宛	文久二年閏八月一一日	（一・二四七）	七
七	桂宇右衛門（久武）宛	文久三年四月一一日	（一・二五〇）	七
八	田尻務・蓑田伝兵衛宛	〔文久三年〕九月二九日		九
九	操坦勁宛	文久三年四月二九日	（一・二五三）	一〇
一〇	琉仲為宛	文久三年六月二日	（一・二五六）	一〇

目次

一一　操坦勁宛　文久三年七月五日　（一・二五六）　二
一二　米良助右衛門宛　文久三年九月二六日　（一・二五九）　三
一三　操坦哉宛　文久三年一一月二八日　（一・二七六）　一四
一四　高田宛　文久三年　一六
一五　椎原与三次・椎原権兵衛宛　元治元年正月二〇日　（一・二八〇）　二〇
一六　土持政照宛　元治元年三月四日　（一・三一八）　二二
一七　大久保一蔵（利通）宛　元治元年七月四日　（一・三九三）　二三
一八　大久保一蔵宛　元治元年九月一五日　（一・四八八）　二八
一九　大久保一蔵宛　元治元年一〇月八日　（一・五二一）　二九
二〇　黒田嘉右衛門（清隆）宛　慶応元年正月一日　（一・六一四）　三〇
二一　土持政照宛　慶応元年三月二一日　（一・六三一）　三〇
二二　黒田嘉右衛門宛　慶応元年五月二六日　（一・六三九）　三三
二三　黒田嘉右衛門宛　慶応元年一一月一四日　（一・六七三）　三六
二四　黒田嘉右衛門宛　慶応二年九月二五日　（一・七九四）　三六

二五	帖佐彦七宛	慶応三年六月一八日	（一・七六六）	三七
二六	大久保一蔵宛	慶応三年七月一〇日		三七
二七	桂久武宛	慶応三年八月四日	（一・八九八）	三九
二八	黒田嘉右衛門宛	慶応三年一一月二七日	（三・七一）	四七
二九	黒田嘉右衛門宛　別書	慶応三年	（三・七三）	四七
三〇	黒田嘉右衛門宛	慶応三年一二月七日	（三・九〇）	四九
三一	山田市之允（顕義）宛	慶応三年一二月八日	（三・一〇〇）	四九
三二	蓑田伝兵衛宛	明治元年正月一日	（三・一四一）	五〇
三三	大久保一蔵宛	明治元年正月三日	（三・一四七）	五三
三四	大久保一蔵宛	明治元年正月三日	（三・一五四）	五三
三五	吉井幸輔（友実）宛	明治元年正月二七日	（三・二一七）	五三
三六	大久保一蔵宛	明治元年二月三日	（三・二三一）	五四
三七	勝安芳宛	明治元年三月一四日	（三・二八一）	五五
三八	大久保一蔵宛	明治元年五月一日	（三・三三四）	五五

三九	得藤長宛	明治二年三月二〇日	(二・四二九)	五六
四〇	薩藩知政所宛	明治二年五月一三日	(二・四三七)	五八
四一	大久保一蔵宛	明治三年三月三日	(二・四七一)	六二
四二	大久保一蔵宛			六三
四三	桂右衛門(久武)宛	明治三年七月八日	(二・四五一)	六四
四四	大久保一蔵宛	明治四年二月八日	(二・四九六)	六八
四五	山本弘太郎宛	明治四年五月四日	(二・四九九)	六八
四六	黒田嘉右衛門宛	明治四年六月二七日		六八
四七	桂四郎(久武)宛	明治四年七月一〇日	(二・五一六)	六九
四八	山下竜右衛門宛	明治四年七月一〇日	(二・五二三)	七一
四九	桂四郎宛	明治四年七月一八日	(二・五二八)	七三
五〇	黒田嘉納(清綱)宛	明治四年八月二七日	(二・五四一)	七四
五一	椎原与三次宛	明治四年一二月一一日	(二・五五五)	七五
五二	黒田嘉納宛	明治五年二月一八日	(二・六〇五)	七七

五三　黒田嘉納宛　明治五年二月二八日　七八
五四　黒田嘉納宛　明治五年三月一日　(二・六一二)　八〇
五五　黒田嘉納宛　明治五年三月一一日　(二・六一六)　八一
五六　黒田嘉納宛　明治五年三月一五日　(二・六一八)　八二
五七　黒田嘉納宛　明治五年三月二〇日　(二・六二〇)　八三
五八　黒田嘉納宛　明治五年三月二三日　(二・六二三)　八五
五九　桂四郎宛　明治五年四月一二日　八六
六〇　大久保利通宛　明治五年八月一二日　(二・六五九)　八八
六一　寺田平之進宛　明治五年一〇月四日　(二・七〇九)　九〇
六二　副島種臣宛　明治五年一〇月二五日　(二・六七七)　九一
六三　黒田嘉納宛　明治六年正月一日　九二
六四　板垣退助宛　明治六年七月二九日　(二・七三六)　九三
六五　三条実美宛　明治六年八月三日　(二・七四二)　九四
六六　板垣退助宛　明治六年八月三日　(二・七四〇)　九六

六七　板垣退助宛　明治六年八月七日　(二・七四九)　九七
六八　板垣退助宛　明治六年八月一四日　(二・七五一)　九七
六九　板垣退助宛　明治六年八月一七日　(二・七五四)　九八
七〇　板垣退助宛　明治六年八月一九日　(二・七五八)　一〇〇
七一　板垣退助宛　明治六年八月二三日　(二・七六〇)　一〇一
七二　板垣退助宛　明治六年九月三日　(二・七六六)　一〇二
七三　三条実美宛　明治六年一〇月一一日　(二・七八七)　一〇三
七四　三条実美宛　明治六年一〇月一五日　一〇四
七五　桐野利秋・別府新助宛　明治六年一〇月二一日　(二・七九四)　一〇五
七六　中村弘毅・武井守正宛　明治六年一〇月二三日　(二・七九七)　一〇六
七七　篠原冬一郎(国幹)宛　明治七年一二月一二日　一〇七
七八　篠原冬一郎宛　明治八年正月六日　(二・八二五)　一〇七
七九　副島種臣宛　明治八年九月二八日　一〇八
八〇　篠原冬一郎宛　明治七年八月三一日　(二・八一八)　一〇九

八一　篠原冬一郎宛　明治八年一〇月八日　（三・八四二）　一二一
八二　大山弥助（巌）宛　明治九年四月五日　一二三
八三　大山弥助宛　明治九年一二月一一日　一二四
八四　谷元六兵衛宛　明治一〇年三月六日　（三・九一六）　一二五
八五　大山綱良宛　明治一〇年三月一二日　（三・九一八）　一二五
八六　各隊長宛　明治一〇年八月五日　（三・九二八）　一二七
八七　各　隊　宛　明治一〇年九月二二日　（三・九三七）　一二七
八八　深見有常宛　明治一〇年九月二日　（三・九三〇）　一二八
八九　野村忍助宛　明治一〇年九月三日　（三・九三二）　一二九
九〇　木場伝内宛　文久二年〔六月三〇日〕　（一・二〇一）　一二九
九一　大税有吉宛　安政六年二月二八日　（一・一六五）　一三六
九二　大久保正助（利通）宛　〔安政六年〕正月二日　（一・一三七）　一三八
九三　大山正円宛　〔安政六年六月二九日〕　（一・一五）　一四三
九四　奥羽出軍軍令ノ件　一四四

九五	野州壬生城・岩井駅戦況届書ノ件	〔明治元年五月〕	（二・三二五）	一四四
九六	王政一新ニ付育民治案ノ件		（二・二四九）	一四六
九七	得能良助宛	〔明治元年〕六月七日	（二・三七一）	一四六
九八	得能良助宛	〔明治元年〕正月二八日	（二・二二五）	一四七
九九	蓑田伝兵衛宛	〔慶応元年〕正月五日	（一・七一三）	一四八
一〇〇	蓑田伝兵衛宛	〔慶応二年〕二月一八日	（一・七二五）	一四九
一〇一	蓑田伝兵衛宛	〔慶応元年〕一二月六日	（一・六七九）	一五一
一〇二	大久保一蔵宛	〔慶応元年〕九月一七日	（一・六六〇）	一五七
一〇三	村田新八宛	〔文久三年〕一一月二〇日	（一・二七四）	一五九
一〇四	大久保一蔵宛	〔慶応元年〕八月二三日	（一・六四七）	一六〇
一〇五	小松帯刀(清廉)宛	〔元治元年〕一二月二三日	（一・六〇九）	一六四
一〇六	大久保一蔵宛	〔慶応三年〕二月晦日	（一・八一三）	一六六
一〇七	大久保一蔵宛	〔慶応三年〕八月一六日	（三・七）	一六八
一〇八	大久保一蔵宛	〔慶応三年〕八月一六日	（二・一八）	一六九

一〇九　桂四郎宛　（明治五年）五月三日　（二・六二五）　一七二
一一〇　大久保一蔵宛　（慶応三年）九月七日　（二・二六）　一七三
一一一　大久保一蔵宛　（慶応三年）九月二九日　（三・三一）　一七三
一一二　木場伝内宛　（元治元年）七月二四日　（一・四三四）　一七四
一一三　池上四郎宛　（明治五年）一〇月一五日　（二・六七三）　一七五
一一四　板垣与三次宛　（明治五年）六月二五日　（二・六三二）　一七六
一一五　大久保一蔵宛　（慶応二年）九月一五日　（一・七六八）　一七八
一一六　非常船建造ニ付山林払下願書　（文久三年）　（一・二六八）　一八二
一一七　椎原与右衛門宛　（明治六年）六月二九日　（二・七二六）　一八四
一一八　売婬女之律確定願書　（明治□年）　（三・三二五）　一八八
一一九　岸良真二郎質問書　一九〇
一二〇　桂四郎宛　（明治四年）九月二八日　（二・五四五）　一九二
一二一　廃藩ニ付士族救助方願書　一九六
一二二　桂四郎宛　（明治四年）一一月三日　（二・五五一）　一九八

一二三　桂四郎宛　〔明治二年〕一二月二九日　（二・四六六）　二〇〇
一二四　桂四郎宛　〔明治四年〕七月二〇日　（二・五三〇）　二〇三
一二五　桂四郎宛　〔明治六年〕五月一七日　（二・七一一）　二〇四
一二六　岩下佐次右衛門（方平）宛　〔明治元年〕正月五日　（二・一七二）　二〇六
一二七　二条城之義ニ付書簡　〔明治元年〕正月六日　（二・一七）　二〇七
一二八　勝安芳宛　〔元治元年〕九月一一日　（一・四八六）　二〇八
一二九　岩倉具視宛　〔慶応三年〕一二月八日　（二・九一）　二〇八
一三〇　寺田平之進宛　〔明治六年〕九月二二日　（二・七八五）　二一〇
一三一　寺田弘宛　〔明治五年〕八月一〇日　（二・六五二）　二一一
一三二　岩下佐次右衛門宛　〔明治元年〕正月二五日　（二・二一〇）　二一三
一三三　福山矢三太宛　二一四
一三四　今井宛　〔明治五年〕二月八日　（二・五八四）　二一六
一三五　有川十右衛門宛　正月二八日　二一七
一三六　大久保一蔵宛　〔元治元年〕六月二一日　（一・三七五）　二二四

一三七　大久保一蔵宛　（元治元年）六月八日　（一・三四七）　二二七
一三八　島津久光宛　〔慶応三年五月〕　（一・八二〇）　二三〇
一三九　大久保一蔵宛　九月六日　二三四
一四〇　征長惣督方返詞　（元治元年）一〇月二二日　（一・五六一）　二三九
一四一　心得之覚　二三九
一四二　越前様達書写差上書　二四〇
一四三　長州処置次第云々書簡　二四〇
一四四　大久保一蔵宛　（元治元年）一〇月八日　（一・五三六）　二四一
一四五　大久保一蔵宛　（元治元年）七月二〇日　（一・四二九）　二四五
一四六　大久保一蔵宛　（慶応三年）七月二九日　（一・八七八）　二四七
一四七　有川七之助宛　（明治元年）一〇月二五日　（二・四〇三）　二五一
一四八　寺島秀之助・大村益次郎宛　（明治元年）五月二〇日　（二・三五〇）　二五五
一四九　広沢兵助（真臣）・高田春太郎（井上馨）宛　（明治元年）正月三日　（二・一六六）　二五六
一五〇　植田乙次郎宛　一一月一五日　二五七

一五一　楫取素彦宛　〔明治元年〕正月三日　（三・一五七）　二五七
一五二　木場伝内宛　〔元治元年〕六月一一日　（一・三五三）　二五八
一五三　木場伝内宛　〔元治元年〕八月八日　（一・四五六）　二五九
一五四　山県狂助（有朋）・品川弥二郎宛　〔慶応三年〕七月七日　（一・八六〇）　二六一
一五五　長岡監物宛　〔安政五年〕一二月一九日　（一・一二六）　二六三
一五六　大久保一蔵宛　〔明治元年〕正月二日　（三・一五〇）　二六四
一五七　忍向（月照）宛　〔安政五年〕八月一一日　（一・九七）　二六四
一五八　むら岡（津崎矩子）宛　〔安政五年〕　（一・一〇六）　二六八
一五九　日下部伊三次・堀仲左衛門宛　〔安政五年〕九月一七日　（一・一一五）　二六九
一六〇　西郷信吾（従道）宛　〔明治六年〕七月二一日　（三・七二四）　二七二
一六一　西郷従道宛　〔明治五年〕八月九日　（三・六五〇）　二七二
一六二　西郷信吾宛　〔明治六年〕五月一九日　（三・七一七）　二七三
一六三　西郷信吾宛　〔明治六年〕四月二〇日　（三・六九三）　二七五
一六四　騎兵隊編成云々ニ付書簡　二七七

一六五　北越出軍三小隊約束定事　〔明治元年八月〕　（二・三七七）　二七七
一六六　北越出軍本営より各藩宛達書　〔明治元年〕八月二〇日　（二・三八三）　二七九
一六七　坂本六郎宛　〔明治二年〕八月二八日　（二・四五六）　二八〇
一六八　樺山三円宛　〔安政三年〕六月一三日　（一・三一）　二八三
一六九　樺山三円宛　〔安政三年〕五月一二日　（一・二九）　二八三
一七〇　樺山三円宛　〔安政三年〕六月六日　（一・三〇）　二八三
一七一　西郷従道宛　〔明治六年〕四月二一日　（二・六九七）　二八四
一七二　大山弥助宛　正月一〇日　二八五
一七三　河野圭一郎宛　〔明治一〇年〕三月二八日　（二・九二三）　二八六
一七四　黒田了助（清隆）宛　〔明治六年〕九月二日　（二・七六三）　二八七
一七五　黒田了助宛　〔明治六年〕九月一一日　（二・七六七）　二八八
一七六　黒田了助宛　〔明治六年〕九月二三日　（二・七八一）　二八九
一七七　黒田了助宛　〔明治元年〕九月二九日　（二・三九一）　二九〇
一七八　黒田了助・村田新八宛　〔慶応三年〕一〇月二一日　（二・六一）　二九一

目　次

西郷隆盛書翰集

〇一

殘暑甚敷御座候處御家內中樣無御痛愈以て御安康之筈奉欣喜候隨而小弟無異罷在申候間乍憚御安意可被下候扨御幼君御一周忌迄生なからへ貴公抔直接に顏前奉拜候人に無御座候ては其節の御苦さも不相分只無暴之所行に見られ候半相咄人さへ無之中々忍兼候次第御想像可被下候盆前より暑邪に當られ頓と痢病樣にて五十度計も潟《瀉カ》し候へ共もふは本服仕候宿許抔え申遣程之儀も無之出仕候間左樣御思召可被下候廿三日は御靈前え參詣候處頓と頭も上り不申足も歩まれず病後押て參詣仕尚更之事に御座候いつれ當時の急務御子樣御出生の儀に御座候間何卒俊齋抔被仰談日新公大中公え御至誠を以御誕生被遊候處御誠願被成下度神靈もなどか忠心を無になし被申間敷と被相考申候間偏に奉合掌候

一御存之通原田八兵衛事具足製造之賦にて取合申候間何卒御氣寄を以被仰談野牛之皮三枚計御見出し大廻船より御上せ被下度御願申上候迚飛脚も當着迄に到着不申此旨兼而奉得御意候恐々謹言

八月三日(安政二年)　西郷吉兵衛

樺山三圓樣

〇二

芳翰恭拜誦酷暑之候無御痛御安康之由珍重此事に御座候隨而小弟にも無異議延光いたし居候間乍憚御安意可被下候扠四方の大儒幕府より御召に相成會津も出府被致候いまた面會不致候得共奇妙に望を達候嬉敷次第に御座候貴兄にも御聞被成候ハヽ嘸々御殘念之筈と奉存候越前の矢島錦助と申人靈巖島の下屋敷學問所ゐ被罷居至極閑所にて津田企にて柳川池邊藤左衛門原田月々兩度つゝ定日相定め朝より終日の會にて誠に面白先度共ハ貴兄の噂共津田仕出申候御遠察可被下候皆々水府與にて至極深密の

談話に相及ひ雄會相催申候恐々謹言

西郷吉兵衛

八月二十日(安政二年)

樺山三圓様

○三

寒氣相募候處彌以御壯榮奉珍賀候隨而小弟にも無異罷在候間乍憚御安意可被下候扨去る二日の大地震には誠に天下の大變にて水戸の兩田もゆひ《やカ》打に被逢何とも無申譯次第に御座候頓と此限にて何も申口は無御座候御遙察可被下候此旨荒々如此御座候恐々謹言

追啓君公益御機嫌能澁谷御屋敷に被爲入上屋敷は迚も御住居出來させられ兼候次第に御座候

西郷吉兵衛

十月四日(安政二年)

樺山三圓様

○四

改年之御吉慶不可有休期目出度被成御超歳奉恐賀候随而私事無異加年仕候間乍憚御安慮可被下候扨出立之砌ハ御祝被下別而難有御厚禮申上候右御祝詞迄可申上如此御座候尚期永日之時候恐々謹言

正月三日(安政五年)　　　　西郷吉兵衛

有村雄介様

参人々御中

〇五

霖雨難凌御座候得共彌以御安康被成御座珍重奉存候然者先達參樓仕候砌は多人數に而難有御厚禮申上候殊に土產迄頂戴仕重疊御禮申上候扨卑生儀潛居候始末御願申上置候處御達之趣承申候處家米被成下候一條は相定候向にては御座候へとも些と間違之譯も有之歟に奉存候乍不成合左之通御尋申上候

一是迄龍郷へ守衞方抔被罷在候は家米被成下候者鍋半釜等之類家亭主よ

り入來候仕來之由にて其振合を以相違候向にて鍋半釜等御物御下品之内
より家亭主へ申受候節に吟味仕候由に御座候如何樣相成候而も卑生にお
ひては事欠不申候へば相濟儀に御座候へ共家亭主え餘計之迷惑相掛候儀
不本意之至に御座候間其儀は先日御見合置呉候樣申上置候左候へは鹿兒
島へ申遣置候に付其内今成にて相濟せ可申考に御座候左樣思召被成下度
候

一薪之儀何樣とも承知不仕との儀御座候間是又御達相成候處奉願候是迄
取入候儀にも御座候間早速より入用之事にいたし度候に付御願申上候

一油鹽類之儀は決而申出之事は不仕候間左樣思食被成下度候

一丹荷一荷は役所に不用之もの有之由にて入付相居申候夫計にて御座候

一右之件々何卒御吟味次第卑生より何樣成共申上候譯は無御座候間御書
附を以當方役々え相達被成下儀御願申上候左候而餘り申上兼候得共先日
御口先も承知仕置候間遠島人同樣にいたし間敷と一口御達被成下度同樣

にいたされたまり兼候儀に有之乍漸腹を居へ候事に御座候右様之事迄申上候儀恐入候譯に御座候へ共何卒御高察被成下度候

一龍郷には迚も居を占候處に無御座候只物數奇計にても無之旁のし不申儀而已有之込入候存念如何とも止不申候間何卒追て場所御願申上候樣可仕候間左樣御納得可被成下候

一乍末筆先日蠟燭御願申上候過分に御惠投被成下別而難有御禮申上候是又余計有之候處諸方より被申越候而無據差遣候自由之儀早速申上候而難有御厚禮申上候

右之通自由之段以參御願可申上筈に御座候へ共濕氣にて鹽物相絶候而キケンポウ服用仕候處頓と元氣相衰臥居候位に御座候乍略儀以書中奉願上候追而拜面之上御禮可申上候恐々謹言

四月廿一日(安政六年)

菊池源吾

吉田七郎樣

○六

度々御懇札辱拜誦いたしいまだ御全快も無之候由時分柄御愛養可被成候
隨而野生にも無異滯舟にて消光いたし居候間乍憚御安慮可被下候陳者子
共等歸嶋に付而は色々御心配被成下御厚禮申上候仲祐にも召歸度山々相
考候へとも在番より留置候樣承事にて夫故召置是迄御心配被成下候御禮
さへも出來不申殘情此事に御座候いつれ永良部嶋へ罷在候へとも御書狀
迚も相調間敷候間何卒右等之處は御海容可被下候此度任幸便算々御厚禮
迄如此御座候以上

八月十一日(文久二年)　吉之助

仲　爲樣

追啓態々五郎御遣御厚志之段深く御禮申上候御令閨樣へも宜敷御鶴聲
御願申上候

○七

文久三年四月十二日冲永良部ノ謫地ヨリ桂久武ニ贈リタル書翰

尊翰先月廿七日木藤氏着島にて直落手仕難有拜誦仕候先以御勇健被爲御座候段奉恐縮候隨而私事無異儀消光仕候間乍憚御安慮可被成下候陳は德より當島ゐ引移候處直樣牢中に被召入却而身之爲には難有無餘念一筋に志操を研候事にて有志を困候は余程拙策に御座候益志ハ堅固に突立申事にて御一笑可被成下候福山高田之両士至極之親切にて痛入仕合に御坐候此度代合之川口と申者早速より懇切之事にて御存之通木藤ハ同郷旁仕合之事御座候付其處ハ御安心可成下候此内より餘り殿からしより丁寧に逢候處やふれ竄入よりは嫉まれ候位獄人にさへ其樣之譯世中おかしなものに御座候此旨御禮答迄如此御座候恐惶謹言

四月十二日　　大島吉之助

桂宇右衛門様

追啓上豚之兒至極御丁寧被成下候段重疊難有次第奉謝候に言葉を不知

候

〇八

中將樣御機嫌能被遊御着尙風土も御替相成益御快方之御事と恐悅之御義奉存候貴兄方御揃無恙御安着奉賀候陳者其後御當地之形勢も格別相變候義も無御座候長々遲引致し候故少々心付候廉も御座候得共何分差急候事井伊之人數共操出し大垣も同樣大阪邊へ守衞として相固候趣に御座候大垣抔ハ自ら大阪守衞を願出候向此守衞を中立にいたし大阪之土地を相望候由に御座候いまた軍氣も矢張平常之心を不失仕合之事に御座候幕吏中余程紛々之樣子夫故十分手當も出來兼ね候事も可有御座と奉存候關東之形勢も近日土藩諸生兩人著京之由に而承候處一擧之人數も追々夥敷相成五千と申事旗本之士多分相組申候由に御座候關東ハ益人氣相離無致方次第に成行候由御座候義擧之人數ハ迚も猶豫ハ出來兼不日一發いたし候向と被相聞申候其外何も格別之事も無御座平に無事に御座候此外荒々御安

著之御祝儀迄如此御座候恐々謹言

九月廿九日　西郷吉之助

田尻　務様

蓑田傳兵衛様

○九

四五日は書物讀方御斷申上度御座候間外々へも御通し被下度御賴申上候

以上

四月廿九日（文久三年）

坦　勁様　吉之助

當用上置

○一〇

暑氣甚敷御座候得共彌以御壯健可被成御勤務珍重奉存候隨而野生にも無

異獄中に消光仕申候間乍憚御放念可被下候然れば其元へ罷在候時分は御

一同樣別而御叮嚀被成下別而忝次第一筆御禮答可申上山々相考居候得共御案内之通外出不相成事にて便宜不得空敷罷在候處此度祯用喜衆より御狀被下幸の事に而是迄の御禮乍延引荒々申上候事に御座候將又大島よりも書狀參候處豚子抔歸島の節は御土產等過分被成下候由細々申來重疊御親切之次第御厚禮申上候此旨荒々如此御座候恐々謹言

六月二日（文久三年）　大島吉之助

仲　爲樣

追啓上御賢息樣へ今度別啓不仕候間宜敷御鶴聲奉希上候滯島之節は御芳志不淺次第忘却不仕段宜敷御傳聞可被下候

○一一

今日御嘉祥奉賀候然者古文二冊共卒度拜借御賴申上候些見合度儀御座候間此段奉得貴意候頓首

七月五日（文久三年）　吉之助

坦　　勁様
　　　　　　當用向

倘々其元には英人手を付候歟御手當向申來候事歟又は守衛人數被差下候譯にても可有御座候哉自然球人共は一防戰と考は決而有御座間敷何分貴丈之御戰死可早歟と相考申候

〇一二

積年不接鳳眉二通昨春大嶋より罷登候節は度々御來訪之處折惡御面會不仕殘念此事に御座候夫より貴丈には御渡海之處私には大阪之樣出足仕候而南北相隔候次第に御座候其後御音信承知不仕候へども彌御壯剛之筈珍重奉存候返而少弟には如何之災難にて御座候哉不圖も譴責に逢最初德之島に可遣との事にて大阪より舟にて山川迄罷越候處宿許へ亦不罷歸候而直樣船移替德之島え七月初旬相著し罷在候處八月下旬飛船來著にて沖之永良部島に遠島に被處船張にて差越島著之上圍入と申事にて今に安然として坐牢に罷在候間乍憚御放慮可被下候扨當七月初鹿府前之濱において

英船來著いたし亂妨有之候段粗承る事共に御座候誠に大變の世上と相成始終歎息之事共に御坐候定而其御元には追々飛船等と往來いたし候との風評も有之候付委敷相分候半細々御洩說被成下候處起て奉歎願候獄中に罷在候て不入事と思召も難計御座候へとも御存の通順聖公御鴻恩奉戴候へば御國家之御災難只々傍觀之いはれ無之憤怒胸を焦し候事に御坐候彌危急之場合罷成候はゞ如何にもして小宮山の跡を追而本心を顯はし可申と是のみ相考候事に御座候何分にも虛實無搆御聞取丈けは詳悉御知らせ可被下候御存之通世上變態にて大島より登涯只驚居候事にて西の別府引籠る考に御座候處無據出足仕かくの如き目に逢候得共却而宜敷讀書一篇にて餘念無御座安氣之事に御座候間夫丈ケは御安意可被下候責に逢へは逢ふ程益志は堅固に罷成申候小人の拙策と一笑仕居申候當島諸役中よりは至極丁寧之譯にて仕合之譯に御座候勿論御返事被成下候付ては與論島には始終便宜有通之由承候付川口萬次郎殿在番にて可參候委敷相賴置候

間與論之方へ相屆候御者直樣相屆候事に御坐候間左樣御計被下度御願申上候左候而御嫌疑之廉にも可有御坐其上間違も無之候間當島付役木藤源右衞門宛にて御遣可被下候源右衞門には御同鄉にて其譯相通置候間左樣御納心可被下候尤川口氏は來三月迄に與論島に御坐候故何卒近便より御返事被成下度御願申上候態と申殘候恐々謹言

沖之永良部島より

大島吉之助

九月廿六日（文久三年）

米良助右衞門樣

追啓上相成儀に御座候はゝ唐紙少々唐筆二三本御惠投被成下度奉願候只讀書と手習之外餘事無御座候當分は詩作共打立隨分獄中に而も樂出來のものに御座候

〇一三

私事此節乘船上宰領として罷登候而御當地外夷御嚴備之御次第親敷拜聞

仕候處島許よりの存志尚又振起り殊に於島元は大砲打役小頭をも被仰付置候に付私丈之御奉公精々相勤申度奉念願居事に御座候若哉夷變到來之節は十分之防禦不相叶迚も一島の汚名不相掛處存詰罷在候儀に御坐候就而は御軍備最中の折柄島方迄も御手被爲届候譯も有御坐間敷候得共全躰島人之儀は兼て帶刀不仕候故右等の差はまり薄き譯も御坐候て苦心仕居候間何卒此處拾匁筒十《拾》丁位も被差渡候て防禦之嚴令屹度被仰渡被下候はゝ一同之人氣競立候儀此機會と奉存候に付誠に奉恐入候得共右等之御手數被成下候處奉歎願候若又拾丁之內よりも此涯御都合不被爲調儀に御坐候はゞ素より手短の者にて只今相對を以て買入之手段相調不申候付壹丁丈けば此涯申受被仰付被下候はゝ來春砂糖を以難有上納可仕候間何卒御免被仰付被下候樣奉願候

右之通先刻の御咄綴立候大體に御座候間若其都合相加へて御取直し被下

度個樣の願文は第一受取候人之腹中に相叶ふ樣に書立候が濟み易きものゝ由承居候當時事を執行候人に些強く申立候歟御口に合候半かと愚考いたし居候いづれ御當地之形勢次第御賢慮御尤奉存候以上

十一月二十八日(文久三年)　吉之助

操　坦哉樣

〇一四

未寛々不得鳳眉候へども彌々以御揃御勤在之筈珍重奉存候然らば御城下前の濱に於て英夷亂暴の樣子有之哉之風聞何某急速御下島之處より右等の說相發し候との事にて表通り御問越相成候譯に御座候自然巨細虛實分明御返事可被爲在候には御坐候へども間には表通は御嫌疑の廉も難計推考致候間私共よりも內輪を以て別段及御賴談候譯に御座候其處厚く御汲取被下候て餘計の儀と思召の事も無御腹藏御洩說被成下候樣達而御賴申上候儀に御坐候就ては其御許より御米御積登可相成哉抔とも申事に御座

候實事に候へは大和船積入方として早々罷下候御振合に御坐候哉又は島次を以て御仕登可相成歟右樣の手數相成候ては一同の御難儀と奉存候右は如何の策を以て御補被成候向に御座候哉若當冬下船も相成向共成立候はゞ砂糖御仕登の處も不被爲出來筈與奉存候如何御運相付候哉御懷合の處詳悉爲御知被下度御賴み申上候尤も當所にて粗々風聞仕候形行は箇條を以て虛實無構一々左條の通り御尋申上候間悉〔委カ〕敷御返事被成下度御願申上候

一山川口にては防戰如何の間にて御座候哉大急の事にて全く仕應せさるものに候哉

一英艦何十艘乘込候哉何月何日の戰にて御坐候哉

一御臺場諸所破損の向に候處何方何箇所及破損候哉

一英艦櫻島の御臺場より一艘は御打留め相成りたるとの向に御座候何艘御打留相成候哉

一英艦速に引取候哉又は江戶表抔へ乘廻候歟本國の方へ引拂候哉

一上下町は御燒拂に相成其の餘煙御城迄相及候との趣中觸れ候事實に御坐候哉

一琉球船二艘大和船四五艘相損し候向に御座候何方へ繫居候而及破損候哉且小船は數千破損との向に御座候波止場內へ有之候船にて御座候哉

一上下町人何方へ相延び候哉又は武家の童女方如何の御處置相成候哉

一戰死の御方々大人數被爲燒死候御樣子に御座候幾人に御坐候哉

一近國並に長崎奉行抔早々援兵として被差入向に御座候哉

一當島へ御用封も有之右は當所より飛船にて被差渡候者へ御渡相成居るとの事に御座候又上國與人眞粹憲等の書狀都て同樣の由承り居候彌々其の通の事に御座候はゞ都て御取揚被成下候て此度差遣

候飛船へ被下候御手都合被下度分けて御願申上候

右は忌諱に觸れ候言も可有御座候へとも御存之通離島の事にて詳に相知候譯無之勿論非常の御世態に御座候へば御互に形勢相知る處急務の事に御座候へは承候儀も悉く御尋越申上候に付何卒細大爲御知被下候樣わけて願上候自然箇條に洩れ候處當分之事に可有御座候間無殘處御爲知被下度態と飛船を以て御願越申上候

昨日福山君より承候には貴丈御神刀御殘し置下されとの儀千萬難有重疊の御親切謝するに言葉を知らす候實は此條御願申上度と相含み候得共獄中の事故申出兼候處早く御備被下候處何共難有奉感佩大に力を得候事に御座候餘りの嬉さに愚詩綴立差上申候御笑覽可被下候一のものは先年差上候ものを些取直し差上申候乎仄合不申候故仕替仕候間如斯御座候此旨荒々得貴意候頓首

吉之助

(文久三年)

高　田　君机下

追て機會を見直に返劔可仕候

懲君認取英雄氣　斬賊勇肝百倍加　遺策惠刀三尺劔　血戰當千如亂麻

○一五

尚々御煙草御惠投被成下難有御厚禮申上候

改年之御吉慶御超歲被遊御座恐悅之御儀奉存候隨而私事無異儀獄中ニ銷光仕申候間乍恐御安慮可《マヽ》被成下度奉合掌候陳ハ去年七月炮戰之騷動御座候由扨て〳〵大騷き之事ニ御座候半想像仕ニ尙餘有る事ニ御座候御祖母樣如何計之御驚歟と是而已案勞仕候儀ニ御座候　京師邊ニも一揆相起候由いつれ天下之大乱近キニ候半可恐世上罷成候事ニ御座候當島ニおひても若哉異國船共參申候ハヽ、君臣之節不相失處迄ハ相盡賦ニて政照抔至極之決心ニて外兩人義民相募三人ハ必至ニ罷成居申候間是等之事とも樂ミニて相暮し居候事ニ御座候書物讀之弟一《マヽ》子二十人計ニ相成至極之繁栄ニて鳥なき里の蝙蝠《コモリ》と申義ニて朝から晝迄素讀夜ハ講譯共仕候而學者之鹽梅ニて獨笑しく御座候乍然學問ハ獄中之御蔭ニ而上り申候御笑可被成下候手拭年頭之祝儀ニ段々貰申候間御祖母樣ゐ進上仕候間御笑納可被成下候此旨荒々御祝儀迄如此御座候恐惶謹言

（元治元年）正月廿日　大島吉之助

椎原與三次樣
椎原權兵衛樣

〇一六

一筆致啓達候彌々以御安康御勤務の筈珍重奉存上候随て野生にも無異儀先月二十八日歸著いたし候に付左樣御放慮可被給候扨其許へ罷在候時分は何廉御世話被成下別て難有御禮申上候其許の次第家內の者共へも細大申聞け候處皆々大喜此事に御坐候其許出帆候處大島龍卿へ翌日九ツ時分

安著致候處皆大喜の事共にて蘇生の思を成し候仕合御遠察可被下候四日の滯在に御坐候處愚妾の悦情義に於て是又御憐察可被下候左候て二十六日朝出帆致し喜界島へ寄航にて二十八日朝安著致候雨天にて山川港へ滯船致候故荒々御禮迄如斯御座候草々

三月四日(元治元年)　　吉之助

政　照様

〇一七

去る廿四日長州の大臣福原越後多人數引連著伏の次第は追々申上候處相達候半漸々六ヶ敷勢に成立候に付最初よりの始末細々不申盡候ては不相分事に御座候間得と申上越候に付深く御勘考の上御申上相成候儀共宜敷御計可被下候扨越後より歎願書差出候儀共は蒸氣船便より寫差上置候通之事に御座候處去月廿七日晩方長州勢より伏見におひて堅人數を驚かし押て蹈通上京可致との趣に御座候處京地大騷動いたし九門御鎖閉に相成各

藩堅人數相增甲冑にて切火繩扱身にて出張之形勢直樣戰爭の姿に御座候間早速物見として三手差出候處如何儀も無之御所邊騷動不一方次第に御座候堂上方は勿論一橋所司代守護職も大病ながら押て參殿いたし候事共に御座候處正親町三條公より之御議論の趣は長門宰相父子上京被仰出其方御不審之廉無之事に候得共家臣之者共三條等え相迫候趣も有之夫故御勘氣を蒙り居候得共勅勘御免被成候段被仰出候はゞ平穩に可相成七卿方の儀は被仰附候儀も無之脫走之罪不輕候に付其邊は御許容被遊候も無之段御達に相成候はゞ無事に可相濟との趣に御座候處朝廷其議に決し居候由然處一橋夕方より參內いたし申上候は此節長州歎願之儀御採用相成候筋には無之兵器を携帶朝廷に相迫候儀臣子の分を越甚以不敬之事に御座候朝威益衰候御事にて斷然と御採用無之長州えは歎願之筋も有之候へば夫々歎願之いたし樣も可有之繩にてもかゝり至誠を開き申出候はゞ如何にも善き筋に御採用相成廉も可有之事に御座候得共兵を引て相迫候儀は

決して御取揚無之早々人數引拂候樣御達相成至當之御事と申上候由若此議を御採用無御座候はゞ今晩會津を始一橋にも御役御斷可申上候間長州を被召入御勝手に如何樣共可被遊と演舌に及候處朝廷駭然たる事にて一言を被出候御方も無之由に御座候其夜四ツ時分にても御座候哉內府樣より御所え早々罷出候樣私え御達有之候に付早速罷出候處右兩樣之議論何歟至當に候無腹藏申上候樣承知仕候に付一橋より言上之趣如何にも尤之儀と奉存候に付其處を以御達相成若不奉承知候て暴發いたし候はゞ其節は長州の罪狀を明白に相記し朝廷より各藩に追討之勅命相下候はゞ名義正しく朝威も相振ひ速に攻滅し可申儀と御答申上候て罷歸候處朝廷一橋之論に相決し和戰共一橋之見込を以所置可致旨御委任相成候由に御座候是より先因州より廻文を以長州之歎願筋御採用相成候樣周旋いたし可呉との趣も有之候得共一圓不取合會津よりは是非援兵差出呉候樣偏に申來候へ共此御方樣御儀に就ては禁闕御守衛朝命を以被仰出置候て夫丈之人

數殘し置候間迚も分配いたし候儀不相調處を以無據も御受合出來兼候趣を以て相斷朝廷遵奉之筋屹と突立可申上筋に御座候處御屋敷中にても長州を救ふよりも會津を助けんにやならん抔との議論も紛々と相發候得共名義正し〻朝廷遵奉之道不相立候ては決て不動儀と絕て立切候處もふは御屋敷中一體之議論と罷成安心此事に御座候何樣議論沸騰いたし候ても筋合を乱候ては不相濟儀とひどく持張候事に御座候一橋手より長州え朝命を傳へられ候儀に付ては幕府の大小監察を以被爲達幾時限に伏見引拂候樣其時を過し候はゞ彌朝命を不奉に相決し違勅之罪を正し可申と相達し諸方え人數繰出し堅め付急速に不相掛候ては敵方より先をいたし押て害を引候義難計候に付堅人數差出候樣一橋より小松家呼出し直達に相成候得共定論筋を正しく致し名義を不乱處を以被相答何分にも各藩え朝命を以追討之命を下され候はゞ堅陣を此方一手を以引受可打破段も被申述候儀に御座候由右等之處は大夫より直に御申越に相成候半文畧仕候然處

長州え御達之筋今日明日と相待居此上は朝命を奉じ征討可致事と明め居候處昨日之朝議今日内府様より相伺申候處昨夕四ッ時分一橋參殿いたし申述候趣は關東におひて混雜之儀到來いたし候其譯は水戸中納言殿より鷹司樣え被仰越候は大和守儀水戸殿え何之相談も不致閣老始小監察と九人之人數退役申付候次第不束之致方に付早速退役申付候段申來已に安藤久世之兩人再役之向に御座候由就ては水戸殿には屹度御譴責相成大和守復職被仰出度との儀にて即夕御書付等も相調候處得と勘考之上明日言上可仕との趣に御座候由就ては長州え相達之儀も出來兼其譯は攘夷鎖港之儀を相尋候節答樣無之と申居候由に御座候前夜も一橋より御議論申上候事と甚以相違致候攘夷等之儀可相拘にも無之此節は兩事に相成候譯に御座候へは是等を以相延候處一橋之意底不被計長州へ組し候歟又は勅諭を以尾張越前阿波土佐藤堂等之諸侯御召相成居候由に御座候間其邊之處服合候儀歟關東の破れを聞て既に我身も被退候間暫見合候賦歟何分不相分

事に御座候いづれ大乱に傾き候半歟と相察居申候私共之吟味此度長州挫候ても此末之處一橋に兵權相歸し可申候間是非筋を正しく致し朝威相立候處を趣意にいたし居候處此期に相成些も遺恨之儀無御座候事情細々書取かたく御座候間何卒御深察可被下候長州勢も嵯峨天龍寺に三百計伏見に四百餘山崎天王山に三百計と申事に御座候多くは浪士輩と被相聞敗る日には忽ち踏禿す事に御座候三ヶ所之兵皆應援も出來不申一方ヅヽ崩立候外は無之事と奉存候因州は一向相助け候筋と相見得備前は些扣居候姿に御座候其外之藩は小々づヽ面見込被相聞々申候堂上方之處長州一味之方多く込入たる事に御座候尹宮も此節は餘程御はまりに相成其丈は大幸の事に御座候正親町三條にも説か替り是非福原を入京被仰付候方周旋可致呉樣柳原殿え申參候由內府公之御咄に御座候今日は傳奏衆よりの御狀相達候に付決て御召之事には有之間敷哉と相考候に付內々內府樣迄御伺候處急速之御事には無御座候由承知仕安堵此事に御座候私共にも相考申

候處いまだ御上京相成候儀は些早くは有之間敷哉今少し時機を御見合被下候方可宜儀と相考居申候いづれ大破に相成べく事なから今之處以御立直し相成候處六ヶ敷いつそどちらでも相極候上御出張被遊候方御宜は有之間敷哉と愚考仕候得共其邊之處は思召次第之儀にも御座候間何分爲宜敷御取成可被下候此旨荒々奉得御意候恐惶謹言

七月四日(元治元年)　西郷吉之助

大久保一藏樣

○一八

八月二日著之飛脚相達候處貴兄之御書面不相見案煩居方々相尋候處一向不相見翌朝長藏より承候處御賢母さま御養生不被叶段驚入仕合に御座候追々承候處御難症之由は承居候得共例之御持病强方に而肌持も能罷成候付御快方と相考居候處存外之次第嘸御愁傷之筈と想像やる方なき事共に御座候毎年の御不幸打續御悲心之處私共さへ難堪事に御座候貴兄御旅行

中共に而無御座候がよかつたと是而已申居候位に御座候一箱進上仕候付御靈前へ御供被下度奉合掌頓首

九月十五日(元治元年)

大島吉之助

大久保一藏樣

〇一九

奈良原氏上京之事に付歸國の一條に就ては私には御受仕何とも難申上次第にて恐入候譯に御座候間衆議に任せ居候處段々相考候へは攝海異船之譯も御座候に付得と形勢情實之次第一往は罷下候て言上仕候方宜敷は有御座間敷哉と愚考仕候に付其段も申上候處此儀第一朝廷之御危急に候間帶刀樣より委曲申上越相成候來月中は見合候樣可致段承知仕候間左樣御思食被下候て宜敷御汲取可被下候貴兄御獨之御心配實に是又苦察仕居候何分にも帶刀樣より細事御申越相成事と不能詳悉候間左樣御汲取可被下候頓首

十月八日(元治元年)　　　大島吉之助

大久保一藏様

○二〇

今日長府より使者參候付致出席呉候樣越藩より承候處拙者には芦屋之樣差越候付御方御出席可給候下宿大和屋と申所之由に候此旨及問合候以上

正月朔日(慶應元年)　　　西郷吉之助

黒田嘉右衞門樣

○二一

春暖相成候處愈々以御家內中樣御息災尙御元氣御勤務の段追々承り申候其上與人御役へ御昇の段結構の御仕合と御悅申上候次に拙者事も不相變罷在候間御懸念被下間敷候就ては其後書狀も不相遣甚た以て不本意の次第にて嘸御立腹の筈と相考候得共麑府著の處中四日有之早々出立致候位にて何も取込候仕合殊に足不相立津端より自宅迄不歸著駕籠にて歸り候

事共にて哀なる爲態にて御座候著翌々日福昌寺迄參詣仕候處漸く這附候事にて難澁の事にて御座候御察可被下候夫形京都へ直樣登掛候處色々難題勝の事にて苦心の次第に御座候追々私にも昇進致し當分御側役被仰付相勤居申候牢舍者の箇樣の仕合夢の樣なる心持にて恐入居候計に御座候其後夏には京都にて大合戰有之足に小々鐵砲玉を蒙候得共淺手にて何も仔細無之大幸之至りに御座候御存の通り軍好の事に御座候得共現事に臨みては二度は望度無御座候眞に難儀の者に御座候御笑察可被給候其節の功に御刀幷に御陣羽織を拜領被仰付冥加至極末代迄も面目を施し候仕合殊に御感狀頂戴仕候當時には珍敷譯にて御悅可被下候牢舍にて朽ち果て候事と相考居候處戰場迄も試み生前の本望此事に御座候委細戰の樣子も申遣度候得共自慢咄と相成候ては兼ての素志も水の泡と相成候間態と省略致候軍咄は御方へ早々相咄度直樣相考候計りに御座候兼て申居候言葉と戰場とは少しも相違は不致候間それ丈は御安心可被給候引續長州征伐

に差越居正月十五日宿許へ歸付候得共直樣上京被仰付當分相詰居申候其牢中よりの御厚恩旁御一禮不申遣實に薄情者と御考被成候半眞平御免可被給候此旨乍畧儀如斯御座候

三月二十一日(慶應元年)　　西郷吉之助

政照樣

〇二二

別紙筑前脫走人京師におひて吉井方に差出候由右脫走人は北小路を斬姦之賦に而出掛候向と被相聞申候間有志之者共に相違無之ものに御座候正黨兩立之形歎息之筋に相見得歎ヶ敷次第に御座候正氣不突立候得者每もかくの通の事に御座候へとも何分御含置被下候而御敎解奉希候此進發之一條に付筑も自然相迫勢ひに御座候間此機會を以一致之道如何樣共相立事と奉存候間宜敷御周旋奉願候筑米之兩藩は力を盡し候へは其益必可有之事にて片腕には相成藩に御座候間何卒御手を付置可被下候此段御願申

上候以上

五月廿六日(慶應元年)

西郷吉之助

黒田嘉右衛門様

○

筑前藩

黒田播磨　矢野相模　大音因幡　加藤司書

右家老

梶原喜太夫　河村五左衛門　齋藤五六郎

右大目付

衣斐茂記　熊澤三郎兵衛

右小姓頭

建部武彥

右用聞

岡部　簇　梅澤幸一

右勘定奉行

彈正｛小金丸兵次郎　喜多岡勇平　進藤　登
　　｛中村　到

右御用部屋

筑紫衛　月形洗藏　河合茂山　尾崎安之允

淺香一索　鷹取養巴　今中佐兵衛　森金作

伊丹新一郎　安田喜八郎　早川養敬　萬代安之允

森安平　林　藎　野村助作　月形修平

右無官之有志者

久留米藩

幽囚木村三郎　池尻茂左衛門　早川與一郎　樋口伴四郎

山田彥三郎　青木主馬　大鳥居次郎　柴山文平

佐田素一郎　山本登　内藤新吾　淺田節三郎
大鳥居菅吉　角照三郎　樋口幸太郎　姉川英藏
黒岩種吉　前田九市　西川湊　下川元三郎
新山舍人　宮崎槌太郎　宮武助左衛門　木原貞助
園田三津次　樋口謙吉　古賀和吉　狩野左京進

奸物

不破左門　本庄仲太　久德與十郎　松崎誠藏
松村辰之丞　梯譲平

對州奸黨

○○勝井五八郎　○立花郡兵衛　○○高山小十郎
○○三井田好右衛門　○大東菅之介　小茂田貫助
小茂田徹助　○八阪順之助　梅野唯佐
高畠辰之助（勝井家來）　○阿比留喜助

○二三

田沼玄蕃頭蒸艦より攝海に乘込候由事柄不相分候得共兵庫開港之儀欺謀を以異人とは條約いたし候故關東に於而大に物議沸騰之樣子に被相聞候付其尋之事歟又は迎船共にては無之候哉何等之事歟御探索被成下度奉合掌候大樹公上洛と申說は御當地に而も流言いたし候得共是は虛觸歟と被相察申候此旨奉得御意候頓首

十一月十四日(慶應元年)

西郷吉之助

黑田嘉右衛門樣

○二四

御安康奉賀候陳者小弟不快有之暫は平癒之體に無御座候間被相下置候陸軍方之諸書附類貴兄え御賴申上候付伊勢樣え差上被下度奉合掌候此旨乍略儀御賴申上候頓首

九月廿五日(慶應二年)

西郷吉之助

黒田嘉右衛門様要詞

○二五

今日も御出勤珍重奉存候陳者英人と談判之儀に付書付取調方御願申上度御座候に付九時過より下會所へ相集其上英艦差越賦に御座候就而は松木安右衛門え引合不致候而は不相叶儀有之何卒御出被下度四日後參り候樣相達候に付乍御苦勞御來訪之處奉希候以上

六月十八日(慶應三年)

西郷吉之助

帖佐彥七樣

○二六

御兩殿樣益御機嫌能被遊御座恐悅之御儀御互難有奉存候陳者長防之戰爭大概宰府出張之方より山田孫一郎を被差遣承合候形行申來候て早相分候に付早速御人數被差出賦にて一陣御手當相成候處三邦丸着帆能都合にて御座候正治より番兵二組被差遣候筋に申來候得共早一陣は御手當相成居候

故其儀も被差出賦に候處船廻出來兼些と痛損有之に付三組丈此節差出都合に相成跡三組は一七日計は後れ可申候得共却て一時に着阪よりは兩度に着候方勢を張候半歟と奉存候乍併痛處有之無據ち と手數には候得共宜敷勢に相成大幸之事に御座候出兵御斷之御建白御名前之處早速御許容被爲在候得共英人着帆涯之事にて大混雜中殊に機會を以て其運は御許可にて可相付段申來居候故少しも不取急事に御座候又朝廷迄之御建白書中將公御自身樣御添削被遊御手自御認相成御差出之都合に相成候御互に難有次第に御座候英人來着段々談判之始末は岩太夫に申上越候に付文略仕候大概見込通はやり付候賦に御座候得共欺かれ候得は無致方隨分幕手を英は打離候賦に御座候何分にも能都合にて大幸此事に御座候長州に於て此度の始末餘程出來候事にて兵端を開く所から破れた處迄間然する處無御座此處第一之譯と相考居候處十分やり應し候に付今之處にて如何なる佛人たり共應接可致相絕候半諸藩に於ても益出兵は致間敷是より王室之興時

來候事に御座候頓首

七月十日(慶應三年)

西郷吉之助

大久保一藏樣

〇二七

慶應三年八月四日在京ノ西郷ヨリ薩藩家老桂久武ニ贈リタル書翰

太守樣益御機嫌能被遊御座恐悅之御儀奉存候中將樣御儀漸〻御快方被爲在昨日ハ陣幕等之角力も御覽被遊候位之御事に而誠に難有儀御座候御同慶可被成下候陳ハ土州之憤發近來國論も相定後藤象二郎大議論も容堂侯御許容相成候段は一左右有之一同決着相成候而又々不意に容堂侯御登京之御賦に御座候㝡初之處實は御着眼不相立御猶豫之念相起候事と相見得申候天地間大條理を以制度上に懸け大論相發候事に御座候へは一度此論を聞て不同意ハ不被申譯幕府におひても凌は出來不申儀に御座候先月中には是非後藤抔登京之筋申來居候へ共いまた着不仕決而議論相變候譯に

而は有御座間敷長崎におひて英國人殺害に逢ひ土州人江御不審有之由にて段々六ケ敷由に被相聞申候就而者先月廿一日方より追々之著阪ニ而英國人幷佛蘭西米人ミニストル參候付廿五日夜より川下いたし私被差下候付廿七日英人旅舘江參り談判仕候次第帶刀殿より申上越候樣承知仕候間大略申上候付宜敷御含可被成下候扨其日はミニストルには多忙中に而面會不相調薩道江逢取候付得と談判仕候次第左條之通に御座候

一冣初よりミニストルを立腹被致度賦に御座候故十分喧嘩いたす含御座候處得逢取不申候付無致方薩道江喧嘩しかけ申候儀に御座候畢竟英人も幕吏より說付られ候新聞も有之又柴山良助近來江戶表江面會仕候處已前相替候說も御座候付此度至極叩込賦に決著仕居候處十分叩上ケ候賦に御座候冣初立腹爲致候廉は兵庫開港に付而は英人至極骨を折開港之上佛人利を得候手段を以見候へハ全英人ハ佛人のつかわれと見受申候旨申聞候處大に起り決而佛之下に屈し候英國に而は更に無之何樣之譯を以かく卑

下して申聞候哉憤激して懸候付先つ得と聞候へ開港之道開をいたし候英國にして商賣之利得を占候は佛國にて御座候其譯は大阪の豪商を談らひ身分を上け扶持を出し兵庫交易方之掛を命し大に商社を取組全大阪之金を圍め諸侯之手を縮利を幕府ゟ占付候手段いたし候是は全佛國と相談いたし幕府之奸策を絶し候事にて兵庫之交易は佛と幕府とにて商權を掠候ものに相成候付英國ハにがきを喰佛國は甘を喰ひ候譯に可見候へハ全佛之つかわれにてハ無之哉と論し懸申候處大に佛に憤を發し意底を吐出候事に成行申候而却而我之大幸に相成申候其譯は横濱におひても兼々佛は獨利を貪英は憤居候折柄大坂商社之手段専英を疎し候始末にて可憤條件に御座候夫に付薩道より申述候にハ此度横濱にて佛人より日本と形勢を論試度との事故承候處只今之姿にて幕府ハ日々衰行諸侯之勢ひは益强相成候付英佛抔之様幕府計に相成諸侯は無きものに制度を不相替而ハ迚も治りは相付申間敷第一諸侯之内に而も長薩之二國ハ强大之故早く不打

亡候而ハ不相濟候付英佛合して打破度との相談有之候付薩道より申答候には此度長州征討之樣誠に柔弱之次第に而彼之一國さへ不破得幕府迚も日本を制御可致道理も無之ヶ程弱ひものを援らるゝものに而ハ無之と返答いたし候處佛人一言之答も出來不申と相咄居申候右等之論判を仕懸候次第にて幕府より能々佛國ゟ結込佛之應援を以諸侯を打挫之策萬々無相違只今金を幕府ゟ占付諸侯之手之延ぬ樣にいたし機械其外之要器は幕府一手に占上ヶ諸侯之窮する處を見て可打挫との策に有之候故十年を不出して諸侯の災害は差見得候付只今より其策略を不用候而ハ實に危次第に成行候半歟いつれ右之奸策を挫候には佛と可相抗强國と親を結不置候而ハ相濟間敷候へは譬佛之援兵を相發候時は英國より押付候儀は相調可申其節は英國におひても戰爭之爲警護出兵いたすと申觸し同敷軍兵を差出候へハ必佛國の援兵ハ差出候儀は相叶不申候付右之御《マ》御相談も候ハヽ可承と却而彼方より申出し候付是ハ大幸之譯至其時機ては御相談可申と相

答候ては又英國に使役せらるゝ譯に相成候而已ならす全受太刀に落來議論も鈍此末之處下鳥に相成候儀自然之勢ひに御座候故うんと返答いたし置處と相考申候付日本之國體を立貫て參上に外國之人に相談いたし候面皮ハ無之こゝの處ハ十分相盡す賦に候間宜敷汲取呉候樣相答置申候冣初より英人に服《腹カ》を立させ憤激させ候趣向ハ他事に而ハ無之偏に佛と引離し却而佛の應援を押させ候策に御坐候へ共右樣彼より應援之相談承度と申處江乘込候而は不相濟一大事之處故道を以辭し候處彼等には尙可愛等敷相成候模樣に相見得申候第一此儀ハ安心之事に御座候

一先月廿四日將軍下阪と申事に而御座候へ共實ハ廿三日夜下阪いたし候由此度全佛人江親ミ專用之譯にて御座候由薩道より申事に御座候英之ミニストルも面會には相成候へ共格別之談は無之相濟候由其節閑叟侯御歸國掛下阪中に而城中においひて一緒に面會相成候由に御座候此人も大に英人ハ疑ひ居申候將軍は佛の軍艦江も乘組に相成申候餘程親む模樣に御座

候

一土州之處近來國論皆正義に歸し候付餘程幕府より嫌疑を掛俗論に打歸度賦と相見得色々離間策を廻し候樣子に御座候處長崎之英人殺害に付ミニストルよりは幕吏に兼而憤居候故一向相責候處を以是を幸といたし英人を以土州を打挫之策被相見得此度ミニストル歸帆掛土州ゟ相廻候手段に相成殘念之仕合に御座候乍然土州におひては却而結を付候策に御座候由如何あらんかと大に懸念いたし居申候彼大策も是か爲に崩候樣相成候而は不相濟事と苦思仕居申候右に付私下阪中之事故色々相談も承候付先ッ幕吏ハ置て異人ゟ直に應接可被成其上六ヶ敷成立候て私も同伴可致候付是非直談之處に相成候樣申置候處板倉閣老と談判而已晝時分夜八ッ過迄議論いたし前を慮り後を顧每之御役人論故大阪にて喰留候手段不相調とふ〳〵本國迄參候場合に相成殘多次第に御座候幕吏も外國奉行一人御目付兩人差越申候右等事發り候處餘程世話に相成候向に而ミニストルよ

り申遣候は此度之樣之事到來いたし候而はかく迄親睦いたし居候兩國之間も忽瓦解可致事候間能〻其處汲受吳候而壯士輩江も手堅申諭至極相屆候樣可致吳旨申遣候事に御坐候譬一書生之業にもせよ必國君之罪に歸し候事故其處委敷可諭吳段承候付右之次第ハ御賢慮を以人〻相心得候樣御諭被下度奉合掌候若哉御國共に右樣之事有之候へハ私ハ御相伴ニ割服《腹カ》いたし不相謝候而ハ是迄之親睦ハ水に相成候事と決著仕居申候此度之土州之談判に相加りて私之首之質物を差出置舍に相決居候處是以相違いたし申候只異人を壓倒すへき事は只一ッ可有之と兼而存居申候異人は自刄いたし候義ハ出來不申由御坐候間目前にて見事に割服《マヽ》いたし候得は少しハ膽を寒し可申歟と相考申候

一越前國を此節英人通行いたし候節ハ宿屋抔之馳走ハ餘程念を入候而誰も應對之人は不出合候由誠におかしな仕業と異人笑合申候全幕府之嫌疑を遮且異人之機嫌取ハいたしたるものと相見得實に姑息之計に御座候

一フロイスト佛國之戰爭も如何成行可申哉とふか近來は相止候樣子に承候と申掛候處薩道相答候には先比之便には相治候趣申來候得共近日の便に又々戰爭に相向候趣申來候此度ハいつれ戰に可相成との說に御坐候此兩國に戰を發し候へハ大に日本之爲には大幸と天心を以ハ甚以罪ある譯なから只我國之難儀の餘りには却而彼等之戰爭を欲し候淺間敷心に御坐候若戰に相成候へハ佛にハ幕府よりハ是非一向應援之兵を相賴居候處に御座候へハ只聞捨にハ相成間敷其節に臨ミ援兵を不差出候へハ必佛人にも見限られ候半と相考居申候

右之通形行大略申上候間宜敷御含可被成下候恐惶謹言

八月四日　　　　西郷吉之助

右衛門樣

御侍史

追啓上三邦丸土州之もの兩人急速之歸國に付拜借相願當月朔日夜出

帆仕土州迄被差遣候相届候へハ直樣歸坂之賦に御座候

〇二八

別紙之通三田尻に而談判相成候右者約束に而候間爲御見合差上申候外に白紙之書面は世子君直書を以御渡相成候ものに御座候間是又差上申候此旨乍畧儀以書中奉得御意候頓首

十一月廿七日(慶應三年)

西郷吉之助

黒田嘉右衞門樣

〇二九

慶應三年丁卯十一月十七日

一時機變遷して處す不可に於者細密復考其宜に叶候樣取計緊要之事

一兼而定置候通

勅諚を奉戴し條理名分を正し輕擧不謀に不陷事

一機密四方に露顯せし由に付尙深く廟議可入念事

右委細之義者黒田嘉右衛門に申付置候事

慶應三年丁卯十一月十八日

一至尊を奉守護候事者申も乍疎大事件に付精々心配十分手筈を合せ遺算無之様肝要之事

一此度之義實に皇國之一大事に付此方出先之者ともえ氣付之筋有之候節は萬端存分に敎示之儀相賴候事

慶應三年丁卯十一月十八日長州三田尻に於て

執筆　廣澤兵助

薩長合議書

一三藩とも浪華根據之事

一根據爲衛薩藩二小隊へ長藝之內相加候事

一薩侯御一手は京師を守任とす

一長藝の内一藩京都と應援す
一薩侯御著坂廿一日にて廿三日御入京廿六日三田尻出浮之兵出帆廿八日
西の宮著薩藩より京都之模樣報知之上進入之筈
一⊕之義は山崎路より西之宮へ脫詰り藝州まて之事

○三〇

御安康奉賀候陳者明日より大阪へ被差越事情探索方可被成御內定相成居
候明朝表通可被仰付候間其含にて御仕廻置被下度細事明日可申上候付爲
御心得奉得御意候頓首

十二月七日(慶應三年)

西郷吉之助

黑田嘉右衞門樣

○三一

呈一翰候今夕景別紙之通被仰出候明朝闕門御通行之節御談判之御用にも
可相成と相考候付早々寫を以て差上申候自然藝藩より御通知相成歟も難

計候得共爲念如此御座候恐々謹言

十二月八日夜（慶應三年）　西郷吉之助

山田市之丞殿

○三二

昨夜出羽秋田藩高瀨權平楠英三郎と申者御留守居方付役遠武吉二方ニ參申出候は兩人之者共外に五人君侯御上京之論偏に相立候處用人の奸物相拒迚も勤王之道不相叶終に斬奸に及身を御邸內に相投田町御屋敷ニ潜匿いたし居候處蒸汽船之出帆を相待罷在候處廿八日出帆被相究右折柄廿五日朝關七郞參申聞候者只今酒井左衞門尉手勢幷步兵上御屋敷を取卷御留主居ニ面會致度段承候就而は此內より御屋敷內に被相置候浪人共可引渡との事と相見得候付穩に談判可致含には候得共如何樣變を引出候義難計此上は七人之御身大事を抱居られ候御方の事故暫邸內を相逃吳候樣承候付無據相去候折柄早田町ニ掛候時分より砲聲相起品川邊え參候節は最早

火手も起候付直様上京仕候次第に御座候外五人之者共には跡之成行得と見屆候上罷登候樣申附罷越候との趣にて大に驚駭いたし候仕合に御座候右樣之變動故一左右可申越道も有之間敷畢竟廿二日御城出火翌廿四日迄燒通し候由に御座候就而は右出火之起浪士共に不審相掛候義歟甚暴動之次第に御座候得共何分樣子不相分候付品々探索之者差出候義に御座候江戸におひて諸方え浪士相起動乱に及候趣に被相聞候間必諸方には義擧いたし候事歟と被相察申候京師におひても相響候趣と被相聞爰許にて壯士之者暴發不致樣御達御座候得共いまだ譯も不相分何れを可正筋も無之其内決而暴動は不致段御屆申出候義に御座候全體九日以來之處大に舊幕之輩相怨居候儀に御座候へば早く江戸之浪士を倒し候策歟と被相察候義に御座候百五十人計罷居候而暴擧いたす賦とは不相見得京師之擧動に依り如何樣共可致との樣子に而御屋敷に罷在候趣は近頃迄相聞得居候處右等之恐有之先をいたし候もの歟殘念千万之次第に御座候何分細事不相分候付

委敷相分候は丶又々可申上候其内荒々相知候丈申上候間左様御含可被下候蒸汽船之義は其節に出帆いたし候共又は燒亡に及候共申事に御座候へ共虚實不相分事に御座候

正月一日（明治元年）　西郷吉之助

蓑田傳兵衛様

○三三

今曉伏見出張之坂本廉四郞より問越候趣は會並松山志州鳥羽之人數戎裝にて著伏相成登京之模様有之候付土州長州と相談いたし一應可及談判勿論何分朝廷より之御沙汰被爲在候迄は相控候様可取押候へ共押而罷登候はゝ防戰に可及との趣申遣候付早々出殿様子相待居事に御座候いまた長州引合候處に而は無之二之手繰出し等之手配にて御座候早々御出勤可被下候いまた如何模様は不相分形行は朝廷に御屆申上候間右様御含可被下候

正月三日（明治元年）　　西郷吉之助

大久保一藏様

○三四

今日は御叱を可蒙と相考候得共戰の左右を承候處たまり兼伏見迄差越只今罷歸申候初戰の大捷誠に皇運開立の基と大慶此事に御座候兵士の進も實に感心之次第驚入申候追討將軍之儀如何に而御座候哉明日は錦旗を押立東寺に本陣を御居被下度候得者一倍官軍之勢ひを增し候事に御座候間何卒御盡被成下度奉合掌候頓首

正月三日夜（明治元年）　　西郷吉之助

大久保一藏様

○三五

別紙數通今朝相達申候昨夕正治より申遣候に付早々大久保え掛合高松屋敷は何等之御用に拜借不被仰付筋御座候哉御屋敷は燒失いたし何も戰爭

之後相願候義は無御座候得共今日不自由之事故高松屋敷跡丈相願候譯にて誠に御無理之ものに而は無之哉與歎掛遣候處又々今朝は數通書面相達申候然處大久保より委敷申上候處始終朝廷与轉倒いたし候義多く昨夜御歸洛之事も相發候由幸將軍之御辭表被差出候而御仕合之事に候間御著京之上何之御用歟委曲御尋之上重而御沙汰可被爲在候に付其内者今形罷在候樣承知爲仕由に御座候に付早々大坂ゐは申遣置候間左樣御含可被下候此旨奉得御意候草々

正月廿七日（明治元年）　　吉之助

幸　輔樣

要詞

○三六

只今別紙相達候慶喜退隱之歎願甚以不屈千萬是非切腹迄には參不申候ては不相濟必越土抔よりも寛論起候半歟然れは靜寛院宮と申しても矢張賊

の一味と成りて退隱位にて相濟事と被思食候はゝ無致方に付斷然追討被爲在度事と奉存候かく迄押詰候處を寛に流候ては再ほぞをかむとも無益譯に到り候半例の長評議に因循を積重候ては千載の遺憾と奉存候間何卒御持合之御英斷を以て御責附置被下度三拜九拜奉願候

二月三日(明治元年)　　西郷吉之助

大久保一藏樣

○三七

尊翰拜誦仕候陳は唯今田町迄御來駕被成下候段爲御知被下早速罷出候樣可仕候間何卒御待合被下度此旨御受迄如此御座候頓首

三月十四日(明治元年)　　西郷吉之助

勝樣

○三八

彰義隊と申もの上野を根據といたし根岸にては蓮正寺と申所え屯集いた

し其外四ッ谷寶泉寺と申所えも屯集いたし居候て段々暴を働き官軍之内にも段々怪我いたし候處三人之者遊歩に出て夜に入候得共不罷歸爲相尋候處別紙之次第相分何共殘念之始末に御座候督府より屆書差出候樣との事に御座候間相認別紙之通申出置候肥前藩之者兩人上野邊にて同日右等之次第有之一人は被切伏候共一人は切拔立歸候付確證も有之直樣一手を以彰義隊え押懸返戰致度申出候得共屹と御手を被付候間國辱は不申義に付暫見合候樣御達相成無致方相忍居候場に御座候此御方におひても同樣之譯に而隊中一同憤懣に堪兼候共少し御見合相成廉にて其内乍漸相留置申候私鬪に陥入候ては不相濟候付彰義隊之曲を擧可征と御沙汰を相待可打取含にて乍殘念相忍居申候追付打散し欝を晴し可申候

五月一日(明治元年)　西郷吉之助

大久保一藏樣

○三九

一筆啓達いたし候愈無御障御勤務の筈珍重奉存候毎毎書狀並に着物御贈り給はり忝存申候拙者にも昨春より江戸表へ致出軍其後越後表へも差越候處兵隊中の憤戰を以て全く御勝利相成以御蔭命を拾歸り昨冬霜月初旬に着いたし申候御安慮可給候もう此節は御暇願上隱居の筈にては暫時は御許容相成候處又又是非に可相勤旨御沙汰承知仕無據去月廿五日參政被仰付相勤候間一兩年は不相勤候ては相濟間敷當春共は其許に下島可致含の處案外の仕合如何共致方無之候遺子共には始終御丁寧成給はり候由御厚禮申入候誠に多忙中にて不能細事草草爲可得貴意如斯御座候以上

三月二十日認(明治二年)　　西郷吉之助

藤　長樣

尙尙御家中へも宜敷御傳聲可被給候

追て故友の方方へは御序宜敷御鶴聲可給候將又愚弟吉次郎には越後表に於て戰死いたし殘念此事に御座候外の兩弟は皆々無難罷歸

仕合の次第に候拙者第一先に戰死可致處小弟を先立せ涕泣いたすのみに御座候御悲察可給候

〇四〇

元佐土原藩士
淺田政次郎

右者生國におひて罪を犯無據脱走いたし候者に而は無之奥羽之間に乘馬之儀付差越候處期限を失し無致方流浪之身と相成居候處昨年官軍押入候に付此御方之兵隊え訴出候處より地理實見之次第承屆候得者無相違事故諸方へ探索方差出行先き知己の者多く賊情は勿論敵地之間道等委敷相分格別之功業相立夫而已ならす若松におひて戰爭之節も手負いたし一向相勵候付御國元脱走いたし候者さへ軍功を以て歸參被仰付候位之事に候へは生國え其趣を以歸參之都合被成下候樣有御座候得共當人之儀も偏に此御方樣へ被召置被下候樣歎願仕候事御座候間御抱之上御小姓與へ被召入

江戸定府被仰付候樣有御座度生死之境に臨み我物同樣に召仕候而平定之後捨置候樣之仕向御座候而は御德義に相拘而已ならす以來事ある節に至り他國之者召仕候義は萬々不被爲出來候に付御勝利之後は重く御扱被下候處偏に企望いたし居申候

元西大路藩士
森　時之輔

右者西大路藩には
朝廷より米穀方被命候處時之輔には其藩より出張之役人に而御座候處一向六番隊え相付金穀之世話いたし呉候處御國兵隊之儀は不一通用辨相成候處其藩においては薩藩に私するとの說相起金穀方え難罷居六番隊付屬之樣罷成候而一隊之盡力いたし候處其功業不少江戸迄付來候得共我藩え歸る事も出來不申候時機罷成既に其藩にては脫走之御屆申出家財之沙汰に及候由就而者本藩申解呉候道も絕候次第に御座候故當分薩藩之名目を

以病院之役人と相成候由御座候右時機御國之故を以其落を被消御國之爲には格別相成候譯之者御座候へは政次郎同樣被仰付候儀奉願候

元新撰組
三井丑之助

右者板橋宿におひて東山道より出兵いたし候兵隊え相付降伏夫より諸方え探索爲致追々之戰爭にも御國兵隊に相加功業も有之御國者に候へは一等兵士に可相加者御座候處只今に至り附屬迄にて御座候へとも又々箱館表出張之兵隊え相加出張いたし居申候加納道之助と申者は矢張新撰組に御座候得共戰爭前以悔悟いたし歸向之者に而伏見戰爭より相加東山道之案內者と相成致出張筋合も相替候へ共其功勞におひて差等無之者に御座候間加納同樣被仰付可然義と奉存候尤加納には京師におひて御召抱相成御小姓與に被入置當分江戶邸え罷在三人御賄被成下置候道之助丑之助にも江戶定府被仰付可然義と奉存候

一今井一兵衛儀御屋敷御普請中至極骨折いたし精勤之段委細承屆候間仲之助申通候通直樣相運候樣御取計被下度御願申上候以上

五月十三日認(明治二年)　西鄕吉之助

知政所

追而浪士松澤和太郎靑山勇藏へ相付奥州表え出張いたし道案内又は探索等いたし御用立候由御座候得共一篇も戰爭を經候儀も無御座候間御金被成下御禮謝に及候はゝ可宜者に御座候間右邊之處見計を以取扱候樣可仕候間御閊置可被下候而右等之首尾書は公用方より御屆可申候

〇四一

少弟位階之義君公より御辭表を以被仰立相成候得共御許容無之趣此節は又々御申立相成候由御座候間何卒御許容相成候樣御盡力被成下度奉合掌候官職被命候はゝ位階は自可有御座候得共無官の者に位を被授候義は實に筋もなき御沙汰に可有之諸侯之身なれは兎も角も藩士の者に高位を被

難授知事公より高位を被命候而も御受難出來は臣子の當然に御座候御受成者を無理に情義も不被爲構而は誠におかしき次第に御座候畢竟以來の處も御藩内の者官職もなきに位を被授候而は朝廷之人にて藩内所置は不受抔と不心得の者必出來候は案中之事に候間其手初いたし候而は實に不相濟御案内の通暴言勝之者却而罪作之最上之種子と奉存候間何卒御論破被成下候樣偏に奉希候堂上方抔は位階と申すものは餘程尊き事と可被思食候得共此田舍者何之やくにも不相立ものを强而御許容之なきも片腹痛き次第に御座候尙細事は此書面に而も御合點出來兼候はヽ彌助え委敷申含置候間御聞取可被下候此旨以書面御願申上候頓首

三月三日(明治三年)　西郷吉之助

大久保一藏樣

〇四二

少弟福岡贋札一條に付御使者御國元え相連歎願有之候處御兩殿樣被聞召

上御使者にて福岡表え罷越候仕合に御座候處藩中は悉く恐怖之事にて何共無致方手を空しして罷在候時機に御座候殊に美濃守樣(齊博)には格別之御鴻恩を戴居候事にて死を以可盡我々共に御座候者此危難をよそにいたし候譯には不參至極心痛罷在候事に御座候然るに岸良君奉命御出張相成居候故早速歎願いたし候次第に御座候間細事は岸良君より御聞取可被下候扨先度之一條に付ては小河愛四郎と申者一己之計を以取企候旨及自訴候に付〻何卒此人迄にて相止候樣乍此上君公迄愧辱を蒙らせ候ては頓而是限之事に御座候而不可忍之處國人死に就而も不恐仕合に御座候間此處に於ては情實も御汲取被成下度畢竟此大法を犯し候義を取組候に付而は必一人魁首と相成り候覺悟無之候而は被相初候儀に而は無之如何にあほな筑前に而も是丈は相決し居候譯に御座候間何卒此上之處專一に歎願仕候事に御座候次に罪人之者は都而隣藩へ御賴相成居候事に付江戶表に御引廻り相成候樣に而は頓と醜體を極め候に付此節御刑法相定候通藩內に於て

所置いたし候處幾重にも相願置候間何卒此兩條は御盡力被成下度奉合掌候只私情を以申上候譯にては無之條理を立相願候事に而御座候間偏に奉歎願候一說は城內にて相拵候上は場所柄不宜君公も知らぬとは言はれぬと申す事にも御座候得共是は誠に事實を明めぬ論に而福岡之城內は至而手廣く入海とても有之候所に而郭中の事決して御存しなひ所多く只城內と言ふを以理を推し候得者國中之人々は不殘刑に不就候而は不相濟論に立至り可申候間不差入事なから餘り心配いたし候故是迄も辯明仕候に付何卒御救ひ被下度奉合掌候福岡藩より歎願之爲登京仕候に付乍略儀以書中奉願候恐惶謹言

西郷吉之助

大久保一藏樣

〇四三

尊書拜誦仕候炎署甚敷御座候處先以御機嫌能被遊御座候段恐悅之儀奉存

候陳者此度之東行不都合散々之仕合に而早歸國仕候次第に御座候定而不都合到來之事と恐存仕居申候御聞及被下候半態々御差留之飛翰拜聽仕候得共不相構引揚申候是非少弟之處不被逃場合に罷成居候故尙又引揚候時機に御座候必不都合之筈と奉存候いつれ又々兵隊御繰出し候樣御達相成候儀は別條有御座間敷と奉存候長船中にて大に草臥候付一封の御届も不申上直樣湯治御暇申上候儀に御座候隊中の者共も早差越方可然との事に御座候暑氣相避候場所見合當所へ參り候處大に相應可致と此度湯治は本道にはまり相成先を樂事はつきに相成申候四五日跡より大熱發起いたし候付如何なり行候半と案し煩居候處翌日より熱氣相散し腹痛相變し難儀仕候處大瀉に相成是以餘程薄く相成所々腫物出來湯當りの上腫物發し候事にて相應無疑と至極相樂居候事共に御座候晝夜にて二十四五度之瀉し方にて間には下血いたし候得共頓と氣分は不相變却て快晴に相成候心持に御座候是迄染付居候惡濕都而相發し候半歟と相考居申候段御安慮被成

下候扨御湯治も相應不仕最早御退職被遊候而閑靜を得御療治可被成御座との段意外之思召立と奉存候彌其通り御決心被成御座候はゝ大丈夫の御一言虛言には被成下間敷筈に御座候少弟を先に致仕爲致其上御閑靜に被爲趣候儀被成下度兎角此度は御盡力偏に奉願候少弟身上之儀幾回も申上候通り如何讒言にも致せ一度賊臣之名を蒙むり獄中迄打込められ候付其儘朽果候而は先君へ申譯無之一度國家之大節に臨み賊臣之御疑惑を相晴らし候へは泉下之君え奉謁口をつくみ申間敷と是而已相考罷在候事に御座候只是計之思込に而御奉公仕居全く君臣之情義は可相通道理に無之儀は一字而已にて相勤居次第御憐察不被成下而は餘り無理之譯に而は有御座間敷哉勿論尊兄にも御內情抔と比較可致事には無之忠義たて仕候者如何樣とも可有之當時御招に應し朝廷に出拔ヶ候得者一身之譽と云ひ身勝手之事は十分に存知罷在候事に御座候得共今日に至り候而は獄中之賊臣決而相忘候儀は更に無之雲霧を破り候得者退而謹愼可仕社先君之御鴻恩

忘却不仕事と相明め居候赤心少も御貫徹不成下候社不運之極に可有御座候只九天に悲號する外更に手段有之間敷と薄情を怨み候仕合に御座候畢竟少弟之身上は如何に成行共不構との御事に候はゝ定て一封被下候筈と誠心を開て申上候仕合に御座候只今御病氣御退職相成候而は御國中之人心に大に關係仕譯は疾く承知之上にて可爲在其亂立候處も不被爲構少弟は御殘し置被下候而は無情之御事に奉存候角申上候迚御病氣も不構押而御出勤被成下候樣申上候譯に而は更々無之二ヶ年の期限迄御病床而已にて一日も御出勤無之候而も不相構候間夫迄は御氣張被下候處伏而奉願候何も御聽入無之事に候はゝ少弟より先に退身相成候樣奉願候其上に而御存分に閑靜を御探り可被下候此旨尊報迄大略如此御座候恐惶謹言

七月八日(明治三年)　　西郷吉之助

桂右衛門樣
　侍史

○四四

御手紙辱拜誦仕候陳者先刻條公御出被遊旨申來候付早速參殿仕候得共跡越に相成高知藩邸え被爲入夫より御出申事にて右通相後れ候間直樣罷出候樣可仕此旨御報如此御座候頓首

二月八日（明治四年）　西　郷拜

大　久　保樣

○四五

芳簡難有拜誦仕候陳者先朝は態々御來訪被成下候處御失敬の仕合何卒御海恕可被下候其節御願申候處厚御汲取被下奉深謝候就ては明後朝九時より可出候樣可仕候間宜敷御願申上候此旨乍略儀御禮答迄如斯御座候頓首

五月四日（明治四年）　西　鄕　吉　之　助

山　本　弘　太　郎樣

○四六

暑氣甚敷御座候得共彌以御安康御奉職之筈珍重奉存候陳者筑前藩士兩人
國中之儀歎願之趣有之貴兄へ御願申上呉候樣承候付何卒御聞取被成下相
成義に御座候はゝ御手を付被下度奉合掌候彈臺へ御出之事承候而御願申
上候而は如何可有御座哉との事に御座候間大に可宜候付東京え出掛候樣
承候故不取敢一書如此御座候恐々謹言

六月廿七日(明治四年)

西郷吉之助

黑田嘉右衞門樣

○四七

芳翰難有拜誦仕候殘暑酷敷御座候得共彌以て御壯榮御勤務之段恐悅之至
り奉存候隨而小弟無異儀罷在候に付乍憚御放慮可被下候陳者先月下淤三
藩出掛相成候處初此方よりは三藩戮力同心と申義只立會迄にては志氣直
樣難安次第に候間此度は十分戮力同心之根源を堅ふいたし候儀急務と存
候其根源に於ては三藩の內より一人主宰を立皆此人の手足と相成十分使

はれ候而其人を助け候處不相立候ては只面面の議論を主張いたし候樣の機會に成行候に付一人見込通り施させ候て面を一に定め不申候ては必す事業不擧紛々之場合に相成可申若又見込相違致し大體不相叶候はゞ速に引籠候方可然少々の見込は必ず有之事に付右等は推てやり貫候得者其弊を矯候位は如何樣共相成候に付是を以て定約いたし木戸壹人を參議に据へ外々は省に降り其任を負ひ勉勵可致と相議し土州へ相談候處至極同意にて御座候間兩藩より篤と長藩え申述候得共木戸決して不肯然共兩卿へ申立懇々御說諭相成候得共少も承引者不致候に付不得已此上は都て省々へ降り互に手を引合候て參り候外無之と策を替談判いたし候處亦々議論沸騰いたし既に崩立勢に成立頓と御變革は不出來次第に立至り候處一夕大久保より篤と紹談有之此上は私氣張候はゞ隨分御變革之處も受合て可相調との事に付左候はゞ相はまり可申此節不相調候はゞ御國元にて隊中と相約候折切斷に相究居候間迚も逃出しは出來不申山に入候義も相塞り

いづれ地に入候外無之候故承諾仕候處木戸も納得相成兩人參議に拜命仕候次第に御座候外は皆省々へ降り一時參議並卿大少輔を被爲廢其上又々御調之上省々へ被相居何分十全の撰擇不被行殘念之至に御座候乍然此上にて屹度定則相立候はゞ是を以て責或は罰し候場合にも可罷成候と奉存候大小丞以下の處はいまだ變換無之是も續て相發候賦御座候處官省の調べ並人員の定額章程等相極め候て可發とて只今取調中に御座候間不日に相發可申此度は俗吏も餘程落膽いたし濡鼠の如く相成申候御遙察可被下候定めて衆恨は私一人に留まり可申と最早明らめ申居候尙近々事情可申上候得共大略迄如斯御座候恐々頓首

七月十日(明治四年)

西郷吉之助

桂四郎様

○四八

陳者御當地之形勢甚六ヶ敷乍漸御口開相成いまだ十分御變革不相成候得

共不日相發可申左候者順序相立御府內取締向等之義も相運可申と奉存候間誠に御待遠可有御座候得共何卒今暫御忍被下度御賴申上候決而油斷は不仕候に付御見合被下候處奉希候いづれ東京府之役人變遷不致候而者不相濟此機會相待居候處追々御手相付官省之撰擧相濟候得者直樣御手も相付事之由御座候に付夫迄は迚も相運兼候間左樣御心得可被下候

七月十日(明治四年)　西郷吉之助

山　下樣

○　四九

朝暮秋冷相催彌以御壯榮被成御坐恐悅之義奉存候陳者天下之形勢餘程進歩いたし是迄因循之藩々却而憤發尾州を初め阿州因州等の五六藩及建言大同小異は有之候得共御催促申上候位殊に中國邊より以東大體郡縣の體裁に倣ひ候模樣に成立既に長州侯は知事職を被辭庶人と可被成思召にて候草稿迄も出來居候由封土返献天下の魁たる四藩其實跡不相擧候ては大

に天下の嘲弄を蒙候而已ならず全奉欺朝廷候場合に成立天下一般歸着する所を不知有志の者は紛紜議論相起候上外國人よりも天子之威權は不相立國柄にて政府といふもの國々四方に有之など申觸れ頓と國體不相立と申述候由當時は萬國に對立し氣運開立候に付ては迚も勢ひ難防次第に御座候間斷然公義を以て郡縣之制度に被改候事に相成命令被相下候時機にて候互に數百年來之御鴻恩私情においては難忍事に御座候得共天下一般此世運に相成いかゝしても十年は防がれ申間敷此運轉は人力之不及處と奉存候此際に乘じ封土返獻之魁よりして天下一般之着眼と相成候上は色々議論相立候ては是迄勤王の爲に幕府掃蕩被致候御主意も不相貫殊に頼朝以來私有之權を御一洗被爲在候御功績も難相立事に候得者決て異議は有之間敷候得共舊習一時に廢し候事に候へは異變無之共難申國々も不相知に付於朝庭者戰を以被決候に付確乎として御動搖不被爲在候間夫丈者御安心可被下候此運に當り私有すべき譯無之に付政體變動之摸樣も相見得

不申候得共此末所置を間違候はゞ如何之變態に押移候哉も難計事と奉存候此旨乍略儀形行如此御座候尚追々可申上候得共急敷一筆得貴意候恐々頓首

七月十八日（明治四年）　西郷吉之助

桂四郎樣

○五〇

其後は不奉得御意候處愈以御安康被成御座珍重奉存候陳者當所町人中島源八と申者追々參り事情承り候處誠に能相辨居殊更度々集議院へ建白もいたし御褒美にも預り候由外方よりも承繕候處彌慥成人物に而決して山子に而は無之趣に御座候時勢之儀餘程相憂申立候樣子感心之事多く御座候付何歟御聞取相成歟又は探索等之儀御申付相成候へば能相分可申人にて右等之邊御用可相成人物と見受候付罷出候はゞ御取合被下候而市中之形勢御聞取被下候はゞ一般之苦樂に關係いたし候儀細密取調居候に付得

と御聞取被下候へば一廉の者と奉存候間何卒御都合次第御逢取奉希候頓首

八月廿七日(明治四年)

西郷吉之助

黑田嘉納樣

○五一

尙々寒中御伺之印迄反物一端御祖母樣へ進献仕候間御笑留可被成下候

一筆啓上仕候甚寒之砌御祖母樣奉初御一同樣先以御機嫌能被遊御座恐悅之御儀奉存候隨而私事無異義消光仕候間乍恐御降慮可被成下候陳者勇けさ寅太郎之兩兒熱病にて暫之間至極難儀之段細々御申越相驚き候仕合に御座候就而は始終御配慮被成下難有次第奉拜謝候看病方行屆夫故危難を免かれ候事と遙察仕居申候段幾重にも御禮申上候扨當地の形勢追々御聞取被爲在候半色々御變革相成候內可喜可貴義は主上の御身邊の御事に御座候是迄は華族の人ならでは御前へ罷出候義も不相調適宮內省の官員迚

も士族等は不罷出候處都而右等の弊習被相改侍從たりとも士族より被召入公家武家華族並士族同樣官へ被召仕特に士族より被召出候侍從は御寵愛にて實に壯なる御事に御座候後宮え被爲在候義至て御嫌にて朝より晩迄始終御表に出御被爲在和漢洋の御學問次に侍從中にて御會讀も被爲在御寸暇不被爲在御修行而已に被爲在候次第にて中々是迄の大名抔よりは一段御輕裝の御事にて中入よりも御修業等の御勉勵は格別に御座候然る處昔日之主上にては今日不被爲在餘程御振替被遊候段三條岩倉の兩卿さへ申し居せられ候仕合に御座候一體英邁の御質にて至極御壯健の主上と公卿方被申居候次第に御坐候御馬は天氣さへ能候得は每日御乘り被遊候御賦に御座候是よりは隔日の御調練と申御極りに御座候是非大隊を御自親に御率被遊大元帥は自ら被遊との御沙汰に相成何共恐入候次第難有御事に御座候追々政府へも出御被爲在諸省へも臨幸被爲在候て每々私共えも御前へ被召出同處にて食事を賜候儀も有之是よりは一ヶ月に三度も御

前にて政府は勿論諸省の長官被召出候て御政事の得失等討論し且研究も可被遊段御内定に相成申候大體右等之次第にて變革中の一大好事は此御身邊の御事に御座候全く尊大の風習は更に散し君臣水魚の交りに立至り可申事と奉存候此旨寒中御伺旁可得貴意候恐惶謹言

十二月十一日(明治四年)　西郷吉之助

椎原與三次様

○五二

其後不奉得御意候得共彌以御壯健珍重奉存候陳者司法省より六區に支局相拵裁判いたしポリスも附屬之樣之向え召仕候模樣にて小區長は右之裁判局えも出席致す賦と相見得候付右樣雙方に相跨り候而は取締組甚難澁之事候間右樣之時機相成候はゞ全取締組は其方一ト向に候はゞ司法省へ被屬度他方と兼併相成候而は頭役も雙方へ出來候付色々苦情相起り候儀は案中に御座候間東京府へ御打合相成候而御取究無之候而は相濟間敷段

及議論候處ポリス司法省に屬し候而は不躰裁之事に付右樣之譯には參り申間敷との事にて明日は由井並貴兄之內御用申來候筈と奉存候付其心得を以委敷御取調被下度此旨卒度爲御知申上置候何分罷出候而御咄可申上筈御座候處乍略儀以書面荒々如此に御座候頓首

二月十八日(明治五年)　西鄉吉之助

黑田嘉納樣

〇五三

御安康奉恐賀候陳者ポリス一條に付正院に而議論相立當分之人數に而は迚も不引足候付相增可申との趣にて私より御通し申上候樣承候實に好機會に御座候得者御吟味被成下急速御申立被下候樣御願申上候此勢ひ相拔候而は迚も六ケ敷候

〇人數不足に付相增候儀に付而は人民之戶數何十軒に幾人との取締組を宛候算當にて小區に三拾人の賦も有之又は四五拾人も不置候而は不相濟

處も可有之右樣之算立いたし候上なれは親疎なく行屆可申又は戶數は少く候共場所廣受持候得者夫丈は人數も可相增候付細々賦付可申歟左樣之小算當に不及共一小區三拾人之處え幾人宛相重候へば可宜と歟何と歟相增候見當は不相立候而は相濟申間敷哉に奉存候人口並人戶え幾人づヽ之取締組と相賦付候方本道歟とは奉存候此場所は口戶之數は少く候得共手廣に有之候故幾人は相增し可申歟割合を定候はゞ大に可宜と奉存候

〇一小區に付人數之增減致出來候へは組子十人に小頭一人づヽ之割に而貳拾人迄は小頭而已にて三拾人に付組頭一人づヽと歟又は貳拾人に相成候へば組頭一人は不相增候候而は不相濟と歟夫々實地之心當りも可有之候付右邊十分御調可被下候

〇相增候人數は組子何人一人に付給分何程に而何百人に而何程相增候儀小頭組頭等迄も都而其費用委敷御取調可被下候いづれ是程之御出增に相掛候儀不相分候而は評議も出來兼候付當分大藏省よりの失費何程にて此

度相増候人員えは何れ大藏省より不相補候而は不相濟事と奉存候付委敷御調立可被下候右通之次第に御座候付何分早目に御申立被下度人數不足之弊有之候而は政府之責に有之候間是非十分之處にいたし付度との事に御座候故宜敷御汲取被下候而御取調奉希候此旨以參可申上筈に御座候得共乍略儀以書面奉得御意候頓首

二月廿八日(明治五年)　西　郷拜

黑　田様

○　五四

要詞

御安康奉恐賀候陳者御親兵に而參居候もの隊に依而は田舍者と餘程輕蔑いたし候向にて有志者至極殘念かゝり候事にて是非ポリスに入組呉候樣起て歎願いたし候付御親兵方承合候處同等の場所へ引直し候儀六ケ敷少し成共立場を上げ候へば不苦趣に御座候間何卒右之人數御繰込被下候樣御

願申上候此人數は組頭邊へ御用被下候而も決而不足之者共にては無之加治木者抔は分隊長迄も被仰付置候處御斷申上兵士にて參居候へ共餘り無法之會釋に逢ひ頻りにポリスを希望いたし候事にて實に愍然之仕合に有之候間宜敷御高配奉願候彌御決定相成候節は何等之御場所へ御用可相成共差支は有之間敷哉今度兵部省え御打合之上御取計被下度同等之場所より少し上り候へば不苦筋兵部省にては相決居候趣に御座候間何卒其御含を以て御賴申上候以上

三月朔日（明治五年）

阿多　丸田市十郎
加治木　鮫島敬助
西郷吉之助

黒田嘉納樣

○五五

御清適奉恐賀候陳者山口縣下廢隊相成候處是迄隊長いたし居候者佐田秋介林綠三兩人罷登居候付何卒取締組頭邊之處え御用被下度旨山縣方より

無據相談も有之候付兩人之人物得と承候處至極惜成者共と申事に而先度之惰兵とは大に相違之由被相聞候付何卒御操込み被成下候處奉希候いつれ罷出候而可申上筈御座候へ共乍略儀以書中御賴申上候以上

三月十一日(明五)　西　鄕拜

黑　田君

机下

○　五六

昨日御打合申上置候ボリス之儀今朝尙又御調書取調候處小頭之儀は月給食料等組子とは增減も有之候付小頭百人之御賦も增人御配當相成候はゞ一躰小頭一人分は組子とは相違いたし居候付得と御調被下候而御調書中にても貳萬餘三萬位は相減候半歟奉存候左候へは拾萬金相除之外過分之事にも及間敷奉存候間御見込相立候はゞ速に御しらせ被下度御賴申上候以上

西郷隆盛

三月十五日（明五）

黑田東京府參事殿

○五七

御清適奉恐賀候陳者ポリス增員之儀者相運候半就而は區々御改正之儀も此涯相運可申歟左候へば是迄人員精々御調被成下度只組頭迄御精撰相成候共夫而已にては不相濟儀も御座候半六大區之中にて大屬邊え惱成者御居へ相成候而は如何可有御座候哉段々承候へば探索方之者彼區におひては賄賂を貪候やうの儀も有之候由手先之者ゆすり候而ものを貪り候儀第一人氣之差障に相成候故總長は宜敷候而も大屬邊と不釣合出來候而手順相立申間敷と奉存候間御心得迄申上候宜敷御用捨奉希候將又第二大區之玉村少屬當分出納を掌り候樣に御座候此は最初物産局へ出仕いたし居候而私曲多く六大區え轉し居候處此處にても不正之廉有之又々第二大區へ參候由何分此人物は餘程市中之評判不宜趣に御座候間得と坂本えも御聽

取被下度其外六大區えも御聞糺相成候はゞ其事跡も相知れ居候半彌世評之通御座候はゞ免職相成方可宜事と奉存候是又御心得を以御聞糺被成下度奉希候郷田儀福島嘉兵衛と申者之屋敷内え移轉之由右に付ては市中抔にては嘉兵衛策を以て郷田を取込候抔と風說も有之候若哉風說通嘉兵衛より貰受候事共有之而は甚以不相濟買入候事に御座候はゞ何も不差支譯に御座候間得と御探索被成下度是又御願申上候當分薩摩芋之評判市中に而宜敷御座候處に乘し其際賄賂相受取次第共相行れ候而者取處も無之候付何分此儀は大切之儀と奉存候間三島君えも御談合被成下事實慥に相分り候樣御手を付被下度と奉願候一人ヶ樣之所行有之候得者一同之腐に御座候故承候形行貴兄迄申上候付御賢慮を以て宜敷御計可被下候此旨乍略儀以書中得貴意候頓首

三月廿日(明五)

西郷吉之助

黑田嘉納樣
要詞

○

今日より出勤仕候處増員之儀も少々運ひ兼居候趣に御座候得共大躰相纏り候付今明日中には御達相成候半と奉存候間左樣御納得可被下候扨本所深川邊にて夜中無提灯之もの通行いたし候に付取締組之者相咎候處諸生躰のもの四五人列立兩人之組子を縛し近邊の家の柱にくゝり附置たる評判有之候由承候右等之儀若哉有之外聞にも相拘坏との譯を以て押隱し居候而は尙又ポリス之權衰へ迚も人民賴に可致處無之樣罷成可申虛實御糺相成候樣致度事と相考候付承候形行早々申上候間大區長へ御糺被下度ポリスを落さん爲めにわる口を申事も不測候付委敷御調可被下候若虛事に候はゞ其譯は新聞紙にも書顯し打消し度事柄に御座候此旨不取敢如此御座候以上

三月廿三日(明治五年)

西鄕隆盛

黑田東京府參事殿

○五九

春寒凌安相成候處彌以御安康可被成御座恐悦之御儀奉賀候隨而小弟無異義罷在候間乍憚御放慮可被成下候陳者大迫氏御首尾合も相濟御歸縣相成候に付細大御聞取被成下度候此度は案外之御望にて君公もどふか御腹には不平を懷かれ候御模樣に御座候處多右衞門殿抔え之御沙汰振不快之御口先に被相伺申候箇樣之どんな事出掛候ては天下の人疑惑を生じ可申事にて實に申にくき場合も御座候御注意被成下度候扠榎本抔の御處置振に付而は御案內通六ヶ敷薩長寛猛之違ひにて決し兼居候處西洋使節出張前大議論相起り只此事而已因循いたし亞米利加抔は戰爭落着直に處置を施し美談有之若し被責候而は何と返答可相成哉勿論米國軍艦總督より榎本之儀を政府え歎願いたし度段も申出候處黑田了助押留置候次第も有之當分に而は黑田は初心は不變透間〳〵には追々議論持出し候處大體長州人も近來は思ひ當り寛論相立候得共木戸一人之處志六ヶ敷御座候處長人よ

り一向責付候故乍否落着相成此四日には都而特赦を以被免榎本一人丈けは實兄内へ暫時愼み相成少しの差等相立候而已にて爲天下大慶之至に御座候只此一事而已は氣掛之事御座候處もふは何も當時の事は殘り無く相濟申候御安堵可被成下候再ひ事を起し候はゞ打居可申儀は手易き事に御座候得共長評議之不決斷には込入申候御遠察可被成下候誰も所置振は知れ切たる事又事を起し候而も不相濟と顧慮するよりして一日延に延候而却而人心動搖之端と相成猶豫抔疑の大毒如何程之害に相成候哉不分候色々と六ヶ敷事共筆紙に盡し難く黑田之勇力不有之候而は迚も命は無之者共に御座候滿朝殺す論に相成候處只一人奮然と建拔候儀は千載の美談に可有御座候近來之處は土州も一同寛論に相變候故誠にいたし安く相成居申候是迄立直し候儀は黑田之誠心より此に至り申候實に賴母しき人物に御座候一時之憤發は一通之者に而も出來候得共斯迄に持張候儀只常人之不及候處に御座候赦に逢候と直樣黑田之處には皆々一禮に出候由全躰黑

田か爲に打破破候者共可惡譯に御座候得共却而敵より謝禮に參候儀戰之上にて打破候より重み有之味ひ不可過之と脇からさへも嬉敷御座候此旨荒々任幸便御安否奉伺候恐惶謹言

四月十二日(明五)　西郷吉之助

桂　四　郎樣

○　六〇

御一別以來不能御音信候處彌以御壯健御週歷之由珍重奉存候隨而少弟無異義消光罷在候間乍憚御放慮可被成下候扨主上にも五月二十三日御出艦にて御巡幸被遊御機嫌能七月十二日御還幸相成難有次第に御座候西京並に下之關鹿兒島三ヶ所は分て奉企望候樣子に被見受候扨鹿兒島に於ひて副城公御建白被差出尙御建言等有之意外の次第にて江戶え罷歸候て承候位之事に御座候處貴兄を初め私共の事餘程御中立相成殊に私義一番重罪之事にて是非此者共御退去被爲在度無左候ては御上京は不被遊との事の由何

分にも御激論甚敷候然る處海江田不平論餘程主張いたし縣廳におひても心配有之趣承居候處此節上京いたして御建白之義十分盡力いたし候筋にて最初大久保一翁先生へ參候て悉く相咄同意可相成事と存込候處案外裏はらの論にて大に驚き候由夫より勝山岡兩氏より深切に說諭いたし呉られ候處頓と氷解いたし候樣子に御座候此場合にて海江田へ作九を掛罷歸候ては迚も福城公之處御激發彌增候半と頻に周旋いたし呉られ都合能く官人に相及候處周旋中に御座候もふは縣下へ不罷歸爰許へ引留候場に相成仕合之次第に御座候貴兄御留守にて海江田へ說得人は無之只三士え依賴して罷在候處誠に大慶之事に御座候將又兵部省中にて近衞局少々物議沸騰いたし及混雜候趣御巡幸先え申來私共兄弟共早々罷歸候樣との事に御座候間餘程配慮仕候て罷歸候へは差したる事にも無之候得共山縣氏迚も再勤之體無之色々と申述候得共聞入無之候に付私にも御脇に立共に難を引受可申實は鹿兒島の難物も相任せ置候次第不行屆の譯にて御座候間

此上は共に盡力可仕候扨何卒再勤いたし呉候處再往相願候處漸く合點も被致候付私には元帥にて近衞都督拜命仕當分破裂彈中に晝寢いたし居申候未た出勤無之候得共此内よりもめ立居候事件悉く所置いたし候て其上出勤之積に相決し置候付御懸念被下間敷候此三縣之兵は天下に大功有る譯にて廢藩置縣之一大難事も爲是に難論を起し候處も無之誠に王家之柱石にて御座候如此功績有之ものに疵を付候ては殘念之至に御座候間來春迄てには悉く解放の御賦に御座候當分は隊中も至て無事にて相治り候に付乍餘事御放念可被下候此度任幸便荒々奉得御意候恐惶謹言

八月十二日(明治五年)　西郷吉之助

大久保利通樣

○六一

尙々私ニハ又々忌嫌われ今ニ初めん事なから中々のし不申大ニ呵られ込入候次第ニ御座候

春暖相催候處彌以御勉勵御苦學之由奉恐賀候隨而小弟無異義消光致候間乍憚御安慮可被成下候陳者古詩韵範幷ニ瀛環志略幸便有之候故差上候付御落手可被下候當地も何そ相變候義無之候得共鹿兒島縣より老先生方東京へ出掛是非本之娑婆ニ引戻との論ニ御座候貳百五拾人其外門閥方一同副城公御供ニ而刀大小を帯半髮大評判ニ御座候川畑伊右衛門殿抔大先生ニ而奇妙な人物能揃たものニ御座候御笑察可被下候此旨荒々奉得御意候恐々謹言

十月四日(明治五年)　西郷吉之助

寺田平之進様

○六二

御壯剛奉恐賀候池上四郎煙臺より九月二十五日仕出之書簡御省より御届被下候處封中に朝鮮地圖差遣候趣申來候得共不相見得候に付御省え差出もの歟も不被測候に付相届候哉卒度御尋申上候將又別紙御序之節何卒相

屆候様御取計被下度御願申上候此段乍略儀御賴旁奉得貴意候頓首

十月二十五日(明治五年)　西　郷拜

副　島様

要詞

〇　六三

新年の御慶目出度奉祝候陳者東京府下バンク取設候御伺に付大藏省より段々議論相起候得共正院におひて談判いたし申出之通り來る四日相運候筋に今朝相決し板垣餘程之盡力如此成行申候と存候付ては知事案勞之由御座候間右之形行卒度御通し置被下度板垣よりも右之噂に御座候間何卒宜敷奉希候此旨乍略儀以書中奉得御意候頓首

正月朔日(明治六年)　西　郷　吉之助

黑　田　嘉　納様

〇　六四

昨日は遠方迄御來訪被下厚御禮申上候扨朝鮮の一條副島氏も歸着相成候は丶御決議相成候哉未た御評議無之候は丶病を侵罷出候樣可仕候間御含被下度奉願候彌御評決相成候は丶兵隊を先に御遣相成候儀は如何に御座候哉必彼方より引揚る樣申立候には相違無之其節此方より不引取旨答候は丶此より兵端を開き候半左候は初めより之御趣意とは大に相變し戰を釀成候塲に相當り可申哉と愚考仕候斷然使節を先に被差立候方御宜敷は有之間敷哉左候得者決して彼より暴擧の事相見得候に付可討の名も慥に相立候事と奉存候兵隊を先に繰込候譯に相成候は丶樺太の如きは最早魯より兵隊を以保護を備へ度々暴擧も有之候事故朝鮮よりは先に保護の兵を御繰込可相成と相考申候間旁斯先之處故障出來候半夫よりは公然と使節を被差向候は丶暴殺は可致義と被相察候に付何卒私を御遣被下度伏而奉願候副島君の如き立派の使節は出來不申候得共死する位の事は相調可申哉と奉存候間宜敷奉願候此旨乍略儀以書中奉得御意候頓首

七月二十九日（明治六年）

追啓御評議之節御呼立被下候節は何卒前日御達被下度瀉藥を相用候へは決而他出相調不申候間是又御含置可被下候

西　郷拜

板　垣樣

○　六五

近來副島氏歸朝相成談判の次第細大御分り相成候出就ては臺灣の一條も速に御處分相定め度事柄と奉存候世上にても紛紜の議論有之私にも數人の論を受候次第に御座候處畢竟名分條理を正し候義討幕の根元御一新の基に候處只今に至り右等の筋に不被相正候ては全く物好の討幕に相當り可申抔との說を以て責懸參り候者も有之閉口の外無他仕合に御座候いつれとも副島氏不罷歸候ては御處分難相立との義を以て兎角會釋置候得共今日に至り候ては休暇の譯を以て御決定不相成との言逃れは迚も出來不

申幾度も世人の難論を受候義に候へは實に困難の次第に御座候間至急御處分被相定度事に御座候左候へは如何程責を蒙る共一言の申開不致候共自ら安心の場有之候故困窮不仕候得共何も無之處を責付られ候ては獨心に耻辛苦の仕合に御座候勿論使節歸朝後數日を經とも爲何御處分も不相定候ては實に不體裁を極め候間速に御評決相成度義と奉存候

一、朝鮮の一條は御一新涯御手を被付最早五六年も相立候半然處最初より親睦を求られ候義に有之間敷定て御方略有之爲めの義歟と奉存候今日彼か驕誇侮慢の時に至り始めに變し因循の論に渉り候ては天下の嘲を蒙り誰有りてか國家を隆興することを得んや卽今私共事を好み猥に主張する論にては無之是迄の行懸りに而如此場合に行當り候故最初の御趣意不被爲貫候ては後世迄の汚辱に御座候故斯に至り一涯人事の限被爲盡度義と奉存候間斷然使節被差立彼の曲直分明に公普すへき事に御座候是迄御辛抱被爲在候も必此日を被相待候事と奉存候に付誠に恐入候得共何卒私を被差遣被下度決而御國辱を醸出し候義は萬々無之候付至急に御評決被成下度義と奉存候左候へは寸分なりとも御鴻恩を可奉報事にて無此上難有仕合に御座候間速に御許可可被成下候様奉伏願候

右之趣參殿之上言上可仕義に御座候處近頃激劑を用ひ甚疲勞に及候間不顧恐懼書面を以て呈上仕候付何卒御採用被成下度奉願候恐懼謹言

八月三日(明治六年)　西郷隆盛

三條太政大臣閣下

○六六

先朝參樓仕候處色々御高話拜承仕厚御禮申上候其折大臣公へ參殿可仕旨申上置候得共數十度之瀉し方にて甚以て疲勞致候に付別紙之通相認今日差出置候間定而御覽可被成下候得共卒度寫取り候而差上置候に付何卒此上之處左右恐入候得共御盡力被成下度奉希候此・分乍略儀以書中奉得御意候頓首

八月三日（明治六年）　　　　西　郷拜

板　垣様

○六七

暑氣甚敷御座候得共無御障御勤務之筈奉恐賀候陳者池上四郎別紙書面差遣し先生え御依賴申上趣も有之由御座候間何卒暫らくは支那の探索方にて御差置被下候義は相調申間敷歟左候得は當人も難有尙又勉勵可仕候付宜敷御指揮被成下度御願申上候此旨自由之働恐入候得共以書中奉希候頓首

八月七日（明治六年）　　　　西　郷拜

板　垣様

○六八

昨日建言致し置候朝鮮使節の儀何卒此上の處偏に御盡力被成下度奉祈候又々罷出候て暴論を吐不申候而は不相濟と思召も御座候はゝ卒度御知ら

せ被成下度早速罷出候樣可仕候就ては少弟被差出候儀先生の處にて御猶豫被成下候ては又々遷延可仕候に付何卒振切て差遣し被下處御口出し被成下度是非此處を以て戰に持込不申候ては迚も出來候丈に無御座候に付此溫順の論を以てはめ込み候へは必可戰機會を引起し可申候に付只此一擧に先ち死なせ候ては不便抔と若しや姑息の心を御起し被下候而は何も相叶不申候間只前後の差別ある而已に御座候間是迄の御厚情を以て御盡力被成下候へは死後迄の御厚意難有事に御座候間偏に奉願候最早八分通りは參り掛居候に付今少しの處に御座候故何卒奉希候此旨乍略儀以書中御願旁奉得貴意候頓首

八月十四日(明治六年)　西　郷拜

板　垣樣

○　六九

昨日は遠方迄御來臨被成下御厚意深御禮申上候扨昨夕は參殿仕候て縷々

言上いたし候處先生方御療治能行屆の御樣子にて先日於正院申立候砌とは餘程相替り居候付只使節の御歸り迄御待被成と申儀何分安心いたし兼此節は戰を直樣相始め候譯にては決て無之戰は二段に相成居申候只今の行掛りにても公法上より押し詰め候へは可討道理は可有之事に候へとも是は全くの言譯有之迄にて天下の人は更に存知無之候へは今日に至り候ては全く戰の意を不持候而隣交を薄する義を責め且是迄の不遜を相正し往先隣交を厚する厚意を被示賦を以て使節被差向候へは必す彼か輕蔑の振舞相顯れ候而已ならす使節を暴殺に及候義は決て相違無之事に候間其節は天下の人皆擧て可討之罪を知り可申候間是非此處迄に不持參しては不相濟場合に候段内乱を冀ふ心を外に移して國を興すの遠畧は勿論舊政府の機會を失し無事を計りて終に天下を失ふ所以の確證を取て論し候處能々腹に入り候間然らは使節を被差立候義は先度花房被差遣候同樣の譯に御座候間今日は參議中に被相決候ては如何に御座候と御迫り申上候處

至極尤に被思召候間今日は參議中え御談の上何分返答可致旨承知仕候付何卒今日御出仕被成下候て劣弟被差遣候處御決し被下度左候へは彌戰に持込可申候に付此末の處は先生に御讓り可申候間夫迄の手順は御任し被下度奉合掌候若哉使節を被差立候義不宜と思召候はゝ其段拜聽仕度被差立候義至當に思召候はゝ大使の御歸りを御待に成り候共是非手順は御立不被下候而は不相濟候に付早速外務卿へ御達し相成り彼方え被差遣候御趣意更に不相分候付其邊の處判然の御處分被成下安心の出來候樣被成下度と押し付置候間此上は先生方御決定の議論相立候はゝ決て被相行可申義と相樂居候間何卒宜敷御願申上候此旨自由の働恐入候得共以書中奉希候頓首

八月十七日（明治六年）　西郷拜

板垣樣

昨日は參上仕候處御他出にて御禮も不申上實先生の御蔭を以て快然たる心持始めて生し申候病氣も頓に平癒條公の御殿より先生の御宅迄飛て參り候仕合足も輕く覺へ申候もうは橫棒の憂も有之間敷生涯の愉快此事候用事相濟候故又々青山に潜居仕候此旨乍略儀以書中御禮而已如此御座候頓首

八月十九日(明治六年)　西　郷拜

板　垣樣

拜呈

○　七一

先日は態と潜居迄御來訪被成下御敎示の趣奉感佩候死を見ること歸する如く決ておしみ不申候得共過激に出て死を急き候義は不致候間此義は御安堵被成下度奉希候乍然無理に死を促候との說は跡必必す起可申畢竟其邊を以て戰を逃れ候策を廻し候義必定の事と奉存候付先生は御動被下間

敷今日より御願申上置候扨少弟此節の病氣に付主上より御沙汰を以て醫師に被命治養仕候間醫師の命する通り致し來候處最早治養所にては無之候得共難有御沙汰を以て加養いたし候付ては死する前日迄は治養決て不怠と申位に御座候間死を六ヶ敷思ふものは狂ひ死てなくては出來不申候故皆々左様のもの歟と相考可申候得共夫ほとの義は落ち着き居候間申上候も餘計の事とは先生の御厚志忘却難致御安心迄に卒度申上置候此旨御厚禮旁以寸楮奉得尊意候謹白

八月二十三日(明治七年)　西　郷拜

板　垣様

○　七二

彌以御安康被成御座珍重奉存候陳者毎度不埒之至御座候得共卒度手に怪我いたし候處少々相痛候付兩日は參朝難叶候付何卒宜敷御助合被下度奉合掌候此旨乍略儀以書中奉希候頓首

九月三日（明治六年）

西郷拜

板垣様

○　七三

尊書難有拜見仕候御敎示之趣委細奉畏候乍然明日之御會議如何にも殘念の次第に御座候今日之御遷延一大事の場合に御座候間何卒此上相違無之様被下度偏奉懇願候尤副島氏之一條何も異存無御座候此段尊答迄如此御座候恐惶謹言

十月十一日（明治六年）

西郷隆盛

太政大臣殿閣下

追啓誠恐入候儀に御座候得共不肖御遣し之儀最初御伺之上御許容相成居今日に至り御沙汰替等の不信之事共に相變し候而は天下勅命輕き場に相成候間右邊之處は決而御動搖無之御事とは奉恐察候得共段々右等の說も有之候様に承知仕候儀も御座候故爲念申上候前以箇様の事迄奉

入御聽候儀萬々恐懼之仕合御座候得共若哉相變し候節は實に無致方死を以國友へ謝し候迄に御座候間其邊之處何卒御憐察被成下度是亦奉願候也

○　七四

朝鮮御交際の儀御一新の際より及數度使節被差立百方御手を被盡候得共悉水泡と相成候のみならす數は無禮を働き候儀有之近來は人民互に商道も相塞倭館詰居之者も甚困難の場合に立至り候故無御據護兵一大隊可被差出御評議の趣承知いたし候に付護兵之儀は決而不宜是よりして鬪爭に及候ては最初之御趣意に相反し候間此節は公然と使節被差立相當之事に可有之若彼より交際を破り戰を以て拒絕可致哉其意底慥に相顯候迄は不被爲盡候而は人事に於ても殘る處可有之自然暴擧も不被計抔との御疑念を以て非常之備を設け被差遣候樣有之度其上暴擧の時機に至候而初て彼之曲事分明に天下に鳴し其罪を可問譯に御座候いまた十分盡さゝるもの

を以て彼の非のみを責候而は其罪を眞に知る所無之彼我共疑惑致し候故討人も怒らす討るゝものも服せす候に付是非曲直判然と相定候儀肝要之事と見据建言いたし候處御採用相成御伺之上使節私へ被仰付候筋御内定相成居候次第に御座候此段形行申上候以上

十月十五日(明治六年)

西郷隆盛

三條太政大臣殿閣下

〇七五

今朝副島氏入來に而岩倉卿太政大臣代理被相勤候筋相決し明日は又々使節一條之儀も御評議被成候間出仕いたし候との事に御座候間別而大幸之譯に候故罷出候樣可致其上如何御決定相成候哉御決着之處を以進退可相決との事に御座候間何分之儀明日は相分可申少しは跡戻いたし候心持に御座候得共副島樣も是迄之御評議相變り候はゝ退可申との事に御座候故いつれ共御決定可相成事と相考申候副島之咄に條公は前晩迄も岩倉卿に

向ひ海陸軍を率ひ自ら討征可致旨御返答相成候位に御座候由可憐御小膽故歟終に病を發せられ殘念之仕合に御座候此旨形行迄爲御知申上候恐々頓首

（明治六年）　西郷拜

桐野様

別府様

○七六

御揃御安康御勤務之筈珍重奉存候陳者別紙之通辭表差出候間何卒宜敷御取計被成下度奉合掌候此上養生いたし候様との御沙汰蒙り候而も再勤之賦決而無御座候間右等之御手數に不相涉處偏に奉願候此段乍畧儀以書中奉希候頓首

十月廿三日（明治六年）　西郷拜

中村様

武井様

○七七

御安康奉恐賀候陳者日當山溫泉中吉野開拓方にて菜種子植付いたし度との事に御座候鯨建不相用候而者不相濟事故書狀相添へ緒方え賴遣置候處代料いまた首尾不致候間別紙之通申出候に付何卒拂方之儀都合被成下度御賴申上候此旨乍畧儀以書中奉希候頓首

十二月十二日(明治七年)　　西郷吉之助

篠原冬一郎樣

○七八

兩三日は不能拜眉候得共彌以御壯榮奉恐賀候陳者下士官免官之一條竹下氏上京之節尙又申遣候處返答相達し候就ては不頓着之縣廳故達書夫形相置候事共にては有之間敷哉御弘見被下度若不相見候はゝ名書之內免官無之分は此通御引置被下度早速返事可申遣候少弟にも明日屋敷え參り居候付明晩歸宅可致候其內御調被下度奉希候頓首

正月六日(明治八年)　西郷吉之助

篠原冬一郎様

○七九

芳翰難有拝誦仕候彌以御壯剛之段奉恐賀候陳者支那行御催之趣新聞に一見いたし意外千萬之事に御座候處何歟御趣意被爲在候由承知仕候得共何分徹底いたし兼候劣弟義は久々僻陬に閑居いたし候故自然卑見に陷り尙更高尙之處窺知る所にあらす候へは自ら議論も可有之いはれ無之乍然此時勢に當り候而は所見之ある處を以十分可相願は人民の義務に候へは決而可否すへき道理も無之仰て將來之成行を望居候計に御座候此旨御禮答意如此に御座候細事は鈴木士より御聞取被成下度候尙御自愛偏奉祈候恐々謹言

九月廿八日(明治八年)　西郷吉之助

副島種臣様閣下

○八〇

芳翰難有拜誦仕候此僻遠之所迄態々御遣被下厚御禮申上候本書得と拜見いたし候付御咄之種子にも相成可申歟當地は山中に而相手は犬而已に御座候間御返璧仕候間御落掌可被成下候扨政府戰之決着相成候而も海陸一體之樣子も無之彌實戰之場合に臨候はゝ必異議を生し可申は案中之事と被察申候支那之景況致熟考候へは戰には相成申間敷唯外より見るものと談判役との兩說何れか慥成やと引分候へは柳原は最初より引受之人にて支那の情實も委敷見留め候處有之候故副島迄も申越候處を以相考候へは彌仕濟候胸中言外に相顯候余程文面上にも餘地有之候故及破談候氣遣は有之間敷と相考申候夫故大久保も出立候半支那の方萬々六ヶ敷成立候はゝ事を左右に托し遲引可致處不思議之事と相考居候處果て柳原之一左右彌十分可遣付見留有之候故速に腰を揚候ものと相見得申候將又償金を言掛候筋に相見得候故尙又金を取賦に而是を見付候半歟乍然此金は取れ申

間敷と愚察仕候金になす賦なれは今一層兵力を増し十分戰と決し勢ひ相付候はゝ金にも成り可申候談判中に懇親之言葉多く其間にて金談は借金之振合に候得は無覺束事と相考申候柳原之談判只一局之都合は宜敷候得共第二局之談判如何哉と相考候中に早一方にて金談に及候義は實に事機を不知ものに似たり武官之方にて兵勢を張り立今二三大隊を取寄十分兵威を嚴重に可致處却而金談を言掛而は兵威全く減し勝を人に譲り候ものと相考申候和魂之奴原何そ戰闘之時機を可知いはれ無之と相考申候呵呵大笑猶又伊十院氏歸家之由誠に鐵面皮之先生驚入申候是は桃將軍にては有之間敷ダツキヨウ先生にて可有御座と相考申候皮厚き事は不被測候小弟にも余程相應之向に御座候今暫くは入湯いたし度御座候間左樣御納得可被下候此分御厚禮迄荒々如此に御座候頓首

八月卅一日(明治七年)　　　　西郷吉之助

篠原冬一郎樣

〇八一

朝鮮の儀は數百年來交際之國にて御一新以來其間に葛藤を生し既に五六年及談判今日其結局に立到候處全交際無之人事難盡國と同樣之戰端を開候義實に遺憾千萬に御座候譬へ此戰爭を開くにもせよ最初測量之儀を相斷彼方承諾之上發砲に及候へは我國へ敵する者と見做し可申候得共左も無之候へは發砲に及候共一往は談判致し何等の趣意にて如此此時機に至候歟是非可相糺事に御座候一向彼を蔑視し彼砲いたし候故及應砲候と申すものにては是迄の友誼上實に天理に於て可耻之所爲に御座候箇樣之場合に臨み開口肝要の譯にて若哉難すへき處出來いたし候得は必可救之道を各國に於て生し可申其期に至り候へは天下の惡む處に御座候

一、此戰端を開き候儀は大きに疑惑を生し申候是迄之談判明瞭不致候處此度修理を積み既に結局之場に押來り彼の底意も判然いたし候へは此上は大臣の內より派出いたし道理を盡し戰を決し候はゝ理に戰ふものにして弱を凌之謗も無之且隣國よりも應援すへき道相絶可申乍然此手順を經候ては全く跡戻之形現然相顯要路之人人天下に其罪を可謝事に成立勢如何共不可爲を恐れ姦計を以て是迄の行掛は水泡に歸し別に戰端を振替候ものの歟又は大臣を派遣致候儀を恐れ如此次第に及候歟何分にも道を盡さす只弱を慢とり强を恐れ候ものと被察候樺太一條より魯國之歡心を得て樺太の紛議拒まんか爲に事を起し候も不相知或政府既に瓦解の勢にて如何共不可爲術計盡果早々此戰場を開き内の憤怒を迷し候もの歟いつれ術策より起り候ものと相考申候此末東京之擧動如何を可見處に御座候二三度之報告を得候はゝ委曲相分可申と奉存候此旨愚考之形行迄申上候頓首

十月八日(明治八年)　西郷吉之助

篠原冬一郎樣

○八二

郵便船近頃着相成候處御注文致候品々相屆御禮申上候然る處犬之首玉見

本御遣被下却而舶來よりは宜敷御座候へ共緒を今三寸位も長く致し候而四つ五つ御下し被下度奉合掌候今一は少し幅も大きく致し候而長さも五寸計御のはし被下度御願申上候扨佛寺之間間隔を生し候趣就而は一發の傳信次第にて直樣御出掛之由嘸御樂みと奉存候小弟にも御供可致旨承知仕候へとも當年は大作に仕掛迚も難逃御座候間御斷申上候に付左樣御含み可被下候當今は全く農人と成きり一向勉強いたし候初之程は餘程難義に候へとも一日二つか位は安樂に鋤調申候もふ今はきらすの汁に芋飯食馴候處難澁にも無之落着はとの樣にも出來安き者に御座候御一笑可被下候此旨任幸便用事而已如此御座候頓首

月日氏名原本ニ無シ包表ニ有ル所ナリ　校訂者識

四月五日(明治九年)　　西郷吉之助

大山彌助樣

追啓上御賢兄樣にも御女子御出生之處御珍敷由上巳之節句には御祝之賦に御座候鹿兒島もいまた舊曆にて近々中に御座候是非相樂居候

御一笑

○　八三

彌御安康可被成御座奉恐賀候陳れは賢兄樣にも矢張御同邊に而何も御替無之乍然追々寒氣に向候故大に心配仕候此寒中御凌被成候は丶來春共は必御上京も相叶候半と祈居申候委細誠之助より御聞取候半と奉存候其後何も替無之候扨先度御下國承居候下士官辭職之一條直樣御仕出相成肥後鎭臺え御沙汰被成下度御滯溢は無之筈に御座候處何分にも不審之事に御座候此儀何とか御返事被成下度御願上候別紙の書物川口氏より御註文に有之候間御都合を以て何卒御下し被下度當分陳腐之者にて下廉之書と奉存候左候へは私にも御蔭を以て大に力を得候ものに御座候餘り度々御註文而已申上候而申上兼候得共宜敷奉祈候福澤著述之書難有御禮申上候篤と拜讀仕候處實に目を覺し申候先年より諸賢の海防策過分に御座候へ共福澤之右に出候もの有之間敷と奉存候何卒珍書丈は御惠投奉願候此旨御

顧旁奉得御意候恐々謹言

十二月十一日(明治九年)　　西郷吉之助

大山彌助樣

○八四

昨日川尻より大口戸長才領いたし烟硝並鉛相達候付送狀相添差遣候處何方え屆居候歟不相分由に御座候間何卒御探索可被成下候一番之大小荷馱方へ向ヶ差遣候覺えに御座候ゟとも若哉砲隊之方へ格護相成候歟も不相知候間宜敷御賴申上候以上

三月六日(明治十年)　　西郷吉之助

谷元六兵衞殿

○八五

拜復迫田隆藏外一名御遣被下來船之次第領承致し候陳者頃來數次の激戰臺兵始と其の度を失ない既に籠城の策を決し敢て出て戰はす因て昨今吉

次木留田原坂等の諸險を扼し東軍の進入を拒き熊本と相連絡するを得さらしむ此回肥筑我兵に應する者甚た多く軍門眞に塡塞す所謂地理人和兩なから得るもの歟桐野篠原村田等非常の勉勵只今吉次之方六七分切拔東軍敗走の報あり此勢に乘せは今日中には木留田原阪も擊退くへし諸嶮全く我有に相屬せは一夫嶮に據り萬人進む能はさるものにして東軍縱令ひ百萬の賁育ありとも亦復戰勢を挽回し進入の期なかるへし左れは熊本は戰すして屈服すへし熊本落城相成候へは啻に我兵の根據確立するのみならす各縣風靡諸國蜂起し九州は先平定すへし故に此處勝敗此度の大關係に候征討總督の令回り來り一覽致候刺客事件は全く撲滅し堂々名義を以て討罰し奸臣の心胸惡むへきの至りと云へし最早事勢も此に至り候ては更に言語口舌を以て是非曲直を爭ひ難ければ腕力之外之れ無るへし然し天下の事に成敗利鈍を以相判し候譯には之れ無く小生は正を以て起り正を以て斃るゝと始よりの目的に候華聖頓那破倫湯武云々は中々小生輩の

事に非す萬一不幸相破れ屍を原頭に曝らし藤原廣嗣と其品評を同ふするも足利尊氏の成るを望まさるなり二位老公は如何若し相謁せは此意を致せ時下不順爲國家自愛せよ

三月十二日(明治十年)　隆盛再拜

大　山樣

〇八六

諸隊盡力之故を以既に半年之戰爭に及候而勝算目前に相見候折柄遂に兵氣相衰へ急迫餘地なきに至候儀は遺憾の至に候兵之多寡强弱におひては差違無之一歩たりとも進むて斃れ盡し後世に醜辱を殘さゝる樣御示敎可給候也

八月五日(明治十年)　西郷吉之助

各　隊　長

〇八七

今般河野主一郎山野田一輔の兩士を敵陣に遣はし候儀は全く味方の決死を知らしめ且つ義擧の主意を以て大義明分を貫徹し法廷に於て死するの賦に候間今一層奮發し後世に耻辱を殘さゝる樣此時と明らめ此城を枕にして決戰致さるへき義肝要之事に候也

九月二十二日(明治十年)　　西郷吉之助

各　隊御中

○八八

今日鹿兒島え突入候處案外兵數も相少舊御廐屋跡ハ直ニ乗取候處金藏下肝付家え臺場を設防戰いたし候得共勢ひ余程相衰候次第に候間早々打破り鹿兒島表突出被給候樣有之度尤慥成説ニ而ハ無之候得共御方之手勃與之趣相分候付態と爲御知旁如此御座候也

九月二日(明治十年)　　西郷吉之助

深見有常殿

○八九

御方之健僕助八義御手支之筈と相考候得共大砲打方等之義右助八不罷在候而は不相濟趣に候間何卒製作方え御遣被下度御賴申進候也

九月三日(明治十年)　西郷吉之助

野村忍助樣

○九〇

當月十一日附之御懇札同廿三日朝相屆難有拜讀仕候實に御馴々敷操返し卷返し候私斯く罷成候形行は決て不申上考に御座候得共如何樣之御疑惑も難計御安心成兼候事と無據委細申上候間御一覽後丙丁童子に御與へ可被下候嶋元より相考候よりは雲泥之違ひにて御府內都て割據之勢に相成居頓と致し樣無之模樣故暫くの間觀察仕候處當時之形勢少年國柄弄し候姿にて事々物々無暗な事而已出候て政府は勿論諸官府一同疑惑いたし爲處を不知勢に成立ちケ樣の事は是て引結び此處て成るものといふ事は全く不

知志は能く向候ても所置に至て疎く俗人之笑ふ事多く君子の賦に候得共爲す處至て賤敷手而已相尋君子の所行に無之候所謂誠忠派と唱候人々は是迄屈し居候ものゝ伸候て只上氣に相成先つ一口に申せば世の中に酔ひ候鹽梅逆上いたし候模様にて口に勤王とさへ唱候得ば忠良のものと心得さらは勤王は當時如何之處に手を付候はゝ勤王に罷成候哉其道筋を問詰候へば譯の分らぬ事にて國家之大躰さへヶ様之ものと明めも不出來日本之大躰はこゝといふ事も全く存知無之幕之形勢も不存諸國之事情も更に辨へ無之そふして天下之事を盡そふとは實に目暗蛇をちすにて仕方もない儀に御座候然處少弟儀順聖公之被召仕候との趣世間に相響居此ものが歸りたら決て事柄も變ろふとあてに相成候鹽梅にもふは博奕も打たれ候向に無之是か幸中の不幸に御座候餘り高く直段を付られ込切たる事に成立候

泉公御參府に付御大策と申儀有之是は三四輩之處にて極秘密之事にして

有之候由然處着涯小松家に會し候樣承り大久保同伴參候處中山尙之介參會有之四人會席にて御大策之趣承候處此節は京都迄にて一橋越前御後見御政事御相談役と申勅御申下しの御事と承候付委敷承候處頓と返答さへ出來兼隨分之御大策も取處無之塩梅に罷成候私より問掛候は右之勅を御下し相成候には手つると申もの無之候ては迚も出來不申夫は閣老之處へ委敷申込にてケ樣に成され候て請合て盡すと申事能々地盤を居へ不申候ては出來申間敷夫は如何に候哉と承候へは全く手は付居不申左樣なら幕府にて甘く御返答申上候て始終勅に不應候はゝ如何之御策相立候哉承候得は其時はいつ迄も京師御滯之賦京師え一年も二年もとは御滯相成間敷若不應日には違勅之罪を御責不被成候ては名義も相立申間敷又京師御保護に付ては只錦之御屋敷共に被爲在候ては何共知れぬ事所司代を追退井伊之固めを除不申候ては相成間敷違勅之罪如何御正し可被成哉相尋候處一言之返答も出來不申時日を移す内異人と相結大坂口より軍船を差向候

は丶其時之御手筈如何相付候哉一々難論仕掛候處返答さへ出來兼候ハヽ御大策とは餘り氣強くつまりハ夫故私を相待候事に御座候間任し呉候樣承候得共是は私にては出來不申未た御內評中之儀にも有之候はゝ如何樣共盡し樣有之候得共都て仕くさらかして仕樣と被申候ては出來不申段返答致し是は案外之次第貴公方にて御論も出來不申其上甚以疎略の御策と相考候間泉公之處如何御居被遊候哉拜謁仕度申出候處自然拜謁被仰付賦に候間兩三日中被召出との事に御座候然處四月十五日舊務に被復直樣被召出候處一々右之論難申出其上私愚考とは大きに違ひ申候只今之御手數は先公方被遊候御跡を被爲蹈候御事にて其時よりは時態も相變順聖公と一樣には成されかたく江戸においても御登城も六ケ敷諸侯方之御交もいまた無之一體成され方相變不申候ては彌成し應候處見留付不申いつれ大藩の諸侯方御同論相成りなされ合從連衡して其勢を以成され不申候ては相濟間敷此御方樣より京師御保護被遊候て勅と一時に諸大名俄に御登城

に相成速座に御扱不被成候ては迚も出來申間敷又京師御滯に付ては必變を生可申と委敷理を盡し申上候處尤成る譯にて今更致し方も無之此度之儀は御屆捨にて最早延引も難致是非平常之處を以て成るとの事に御座候得共非常の備を成し非常之事を被成候には平常之處を以出來不申若合從連衡之策出來不申候はゝ固く御守り被遊候處相當之御所置にては有御座間敷哉是非御病氣之處御中立被遊御參府御延引被成つまりハ割據と申御腹合にて被爲在度愚考之形行不殘申上候處二月廿五日御發駕被召延三月十六日と相成申候然處只今之處を以策を立候樣承知仕候に付二策書取を以申上候第一策は是非御參府御延引被成候は參府に差掛候處非常之世態にて國中之人心動立號令をも不顧人々踏出候勢に成立騷動可致候間當年之處は相延家老を以名代差登候趣を以被召延度御國中には御家老中より御危申上候て御引留申上候趣被仰達度との所置も相付申上候第二策は是非御延引之處不爲出來候はゞ天祐丸より關東迄御乘船にて御參府被爲仕度

左候得ば違變輕重相計候得者京師に於て變動可致は案中にて御座候故難易之處海上にては輕く御座候付右之計被遊度趣申上候處二策共に御取用無之實に仕方なき事に御座候故一日出勤仕候てより直様足之痛にて引入夫より湯治に差越何樣の事にても足引上げ不申考にて隱遁之賦に御座候處諸國より有志之者共御國元之樣參私には湯治留守御座候處罷歸り承候得は右の次第にて一夕大久保參り實に心配いたし居彌變を生じ候との趣承候故不得已出足仕候事に御座候是より先き御國家之人心不平にては治も變も出來不申候尤君子の爭大幸にてハ無之是非兩全之策相立久留米ニおひても君子之爭よりして混亂ニ及候前車の覆轍も有之候間是非一致して御國中勤王に相成候樣被成度頻に切論に及候處是が畢竟一番惡事と相成申候又豐州之一黨に於ても起てはならぬと二度押甚以君子之爲べき業に無之小人の黨は利を以相結候故黨中之內頭立たるも一兩人も不差障處ゐ被爲出候はゞ一黨致疑惑悉く崩立可申頓と先無し小路へ追込候決て

小人と見こなし候ても面々の智慮丈は又外に働き可申決て恐れ居不申と委敷解立候得共一體土臺陝少にて増々小く罷成候計にて如何成明智之人出候ても今通にては今日之處さへ六ヶ敷勢に成立申候來春御歸府之上親敷御覽可被下候

一村田新八同道にて下之關え參着にて尤も他國へ出候義大監察方大きに六ヶ敷漸く下之關迄は差支有之間敷と申事故夫よりは被召列との御内達も有之然る處飯塚におひて森山新藏方より差出候飛脚ゐ逢早々下之關之樣急ぎ候樣との趣有之又々相急候處三月廿二日朝白石方に參着申候處豐後岡藩二十八人參會居卒度面會いたし右之人數は直樣大阪之樣出船有之候新藏船手當いたし居既に出船之處ゐ參付跡へ一封相殘し其暮方出船にて同廿六日大阪ゐ着いたし候處宿屋にも難相付新藏案内を以て加藤十兵衛方ゐ相付潜匿いたし居候次第に御座候大阪に出候處諸方之浪人都て堀計を以て御屋敷え御潛め相成居候間關にて筑前浪人平野次郎と申もの此以

前月照和尚之供いたし御國元へ參り臨終之時も同斷罷在候人にて夫ゟ方々に徘徊いたし周旋奔走勤王之爲盡力いたし艱難辛苦を經候人に御座候右之者至極決心いたし居候故又其方と死を共可致我等に相成候いつれ決策相立候て供に戰死可致と申置候勿論皆死地之兵にて生國を捨父母妻子に離れ泉公之御志被爲在候段奉慕出掛候付都てヶ樣に申候而者自負之樣御座候得共私を相手にいたし來候趣私死地に不入候而は死地の兵を扱ふ事出來申間敷何篇諸方の有志は大阪にても都て私より引しめ置候處有村俊齋阿久根より極々急にて京都へ參り早々御中途又々蹈返申候其折平野と川下り一緒にいたし候處私の決心を平野より相咄候由然處俊齋より右之趣直樣申上候處至極の御立腹にてヶ樣に罷成申候畢竟下之關へ罷在候はヽ彼處より被差下賦にて有之たる由其時迄は兩全の策を立候者左州之一列と與合何篇泉公を御惡敷申のて私出立の前晚桂右衞門殿宅へ參候儀共大不都合相成候由にて被差下筈之處又々右之俊齋口上にて大咎相成申

候右咎之趣は四ヶ條にて○浪人共と與合決策相立候一條○年若之者共尻押いたし候二條○御滯京相計候三條○關より大坂へ飛出候四條にて一向胸に落不申大坂にては加藤所へ潛匿伏見にては御假屋へ潛居候事にて京師へも出掛不申其上大坂に於て面會の人々も纔の者にて右樣之儀相計候人へも逢不申堀次郎咄にいつれ此節京師御滯にて御盡不遊候ては不相濟關東へ御下り相成候て何にも不相成との咄は承申候全御滯京を計り候覺無之候○浪人共は始終私方にて押へ付居候て動し不申又年若之者共は尻押の事に無之始終私へヶ樣云聞して吳ヶ樣致してはならぬからせんやうに申聞て吳れと被賴始終叱付置申候先生方之人々十分に二才衆にさへ立兼只我身搆而已にて僞謀を以て致し居られ候事共にて御坐候乍然堀へ久々振於伏見面會いたし候處昔日に變只智術を以仕事いたし居候間ひとく面責いたし申候自分の身かおそろしく成ると術を不用候ては致方無之候間都て取止め候樣大事に懸候ては只誠心を以不盡候ては不相成譬仕損候

ても誠心さへ相立候はゞ感慨して起る人も出來候間術にては決して不相濟尤長州長井雅樂と申大奸物と腹を合せ與合居候間ひどく其儀を責若長井と同論いたすに於ては長井儀は長州の有志共へ可刺申置候間同論いたさせ此方におひても汝を亭主振に可致其時は二才衆其脇に居合候故右の人々へ可打とは申事に御座候是も今更相考候得は大邪魔に相成候筈に御座候長井を打の策は實に手荒ひ樣に御坐候へ共天下の奸物にて御坐候京師へ罷登候譯は幕府より御賴を以出居候夫は是迄の御扱振宜敷無之前非を悔て御改被成との趣を以て朝廷をたまし付候策にて書取を以朝廷へ差出候書面有之其內に第一異人交易勅許相成候樣偏に申立黃金をつかい九條殿下をだまし開港勅許に相成候はゝ直樣堂上方御寃罪を解又諸侯方も同樣可致抔と誠につまらぬ事計書建候て薩摩と同意にて申上候長州侯連名にて可差上候得共急速ノ事故其儀も不相調候間其證據には堀次郞被召呼御聞取可被下と申上御聞取相成申候堂上方有志ノ御方々御論御正敷和宮樣

御下向に付ても御願通御縁談被爲濟候はヽ早速異人の所置可相付と申上其通御許容相成候いまた否も不乾に開港の一條甚以不屆之次第と長井は見出され候由に御坐候夫故無據打方の儀長州の有志へ申合候尤長州においても長井の黨と有志の黨と兩立いたし居候

一長州へは朝廷の御取扱諸藩とは格別之御譯合も有之當時一向御賴に相成候譯故主上御直筆を以御書取相下り候右のヶ條書を以上記之者共も皇朝の御爲めに盡し候儀にて誠忠を旌表いたし候樣堂上方を御始め有志の諸侯方も一向皇國の御爲め被爲盡候處都て御打込に相成候間本々之通被復右之取扱いたし候役人誅罰いたし候樣又右之勅命通不應候はゞ有志の諸侯を京師へ被召違勅の罪可正候間其通可出來哉否可申上との趣十五ヶ條有之候由其儀を悉く長井は可打崩策にて相働候向に御座候間ひどく黃金を相仕ひ候由に御坐候此儀は慥に長州大坂御留守居宍戸九郞兵衞と申すものより承候宍戸は直に拜見いたし候由に御座候決して行先我國の爲

にも長井邪魔と可成は案中に御座候是は畢竟幕のいたひ處を程能致し成し自分の功を立天下之權を可取計謀と被察申候余程幕府におひては此節の勅使御同伴の御一條やかましき由に御坐候○浪人共御屋敷へ御引受にて御構ひ相成候儀泉公御不合點に御坐候處堀申上候者私御受合申上候と御返答申上夫にて御安心相成候由夫々伏見にても混雜到來いたし候ては如何之申譯いたし候哉奸人の舌頭可畏ものに御坐候又決して此儀も私へ打かふせ候半と被察申候私四月十日罷下候樣承知仕早速船へ乘付申候至極穩密に被致人氣混雜可致とは相考候由然しなから私を置候ては實にせわしき故落し候向と相見得申候落され候跡は堀は大坂にては宿屋へ臥候儀も不出來若哉被打候半歟と臆心にて御屋敷內御納戶へ潜臥いたし候由可笑之志にては有之間敷哉大坂見聞役中私を落し候儀不合點にて御側役へ突掛大に論判いたし候由に御座候御國元におひて御供の役掛中より又大きに議論相起候由に御坐候大監察小監察の處一圓承引不致嚴敷申立是非

對談を懸申度被申立候由御坐候得共喜入不受入夫形伏見より申來候なり
にて參申候夫は面白きことにて只德之島へ被遣と計にて羽書を以被相達
何之罪狀も不相分候決て此節は御助米共被下候向には無之島元におひて
も相愼候樣島代官より可申達との趣にて御坐候故假屋本へ五里隔候岡前と
申所へ潛居仕候頓と世事を忘却仕候處何の苦も無之尤御助米不被下儀難
有次第に御坐候先つ右等之形行にて細大書盡しかたく又自身申にて能き
やうに相見得候間其處は御推讀可被下候御存之通暴言の咄候儀は多く有
之候其罪は難逃候間安然として罷在申候間御安堵可被下候
一森山儀私に者眼病相煩ひ養生方に上陸いたし居候處及自刃候段承り驚
き候次第に御坐候私と村田儀は島方相分候得共森山儀一向不相分尤先年
之一向宗又々發起いたし六ケ敷向に承居候事にて夫等之處を以御吟味六ケ
敷相片付兼候半歟委敷不相分候勿論三人は大島へは不差遣樣伏見より申
來候由是は畢竟桂氏へ聞かせぬ賦と相見得申候婦女子の所行と片腹痛く

御坐候私儀は愚痴には有之候得共片贔負共いたし候考は全く無之候處中山奸謀を以左州一列と結合候て事を計と申成し其罪を以被落申候此中山と申すもの我意强く只無暗のものに御座候一番寵を得大久保抔は私一件より大きに被忌位を保候儀もあふなき儀に御坐候得共私をケ樣に致し又大久保迄落し候ては人氣混雜可致辿漸助ひ候向に御坐候か只今共は如何之振合に罷成候哉頓と相分不申候

一田中河内之助と申すは中山家の諸太夫にて京師におひて有名之人に御坐候右之人粟田宮樣之御令旨と申すものと錦之御旗を捧居候由右は僞物にて是を以人々をあさむき候と申すものにて御國元迄被差下との趣を以船中にて私に隱然と父子三人外に浪士三人都合六人被殺候由譬僞物にもせよ朝廷へ被差出眞僞明白御取捌き可被爲在處に私に天朝之人を被殺候儀實に意恨之事に御座候もふは勤王之二字相唱候儀出來申間敷此儀を若哉朝廷より御問掛相成候はゝ如何御答相成候ものに御坐候哉頓と是限の芝

居にて御坐候もふは見物人も有之間敷と相考申候
一此度勅使御下向に付ては餘之儀にも有之間敷勿論大原三位公と申せは聞ゆる慷慨家にて如何樣の御議論出る儀も難叶若哉幕におひて猶豫いたす儀も有之候はゝ益憤言出る儀相違有之間敷迚も黄金共にては打付被申間敷彌勅の通相調候得ハ御國家におひても御大幸泉公も御大功にて此上もなき御事に御坐候幕役は中々一と通のすれものにては手も突掛られ候丈けに無之いまた幕情御不案内之事に御坐候間ちよつとした事に御乘り被成候と直に突込夫より見こなし候間一藩の力にて平押に押候ては弱居候幕にもせよ些六ヶ敷此方の御勢ひ御扱次第にて勅の立と立ぬとに有之譯に御坐候余程幕府におひて六ヶ敷申立候との評判に御坐候如何罷成候ものに御坐候哉今共はもふ相分居候半遠海之事故全く通不申紛情此事に御坐候私にも大島へ罷在候節は今日今日と相待居候故肝癪も起り一日か苦に有之候處此度は德之島より二度出不申と明め候處何の苦も無之安心

なものに御坐候若哉亂に相成候はゝ其節は可罷登候得共平常に候はゝ譬御赦免を蒙候ても滯島相願ひ可申含に御坐候骨肉同樣の人にさへ只事の眞意も不問して罪に落し又朋友も悉く被殺何を頼に可致哉老祖母一人有之是計氣掛に相成居處大島より能登候節迄存命致居候而滿悅いたし候に付もふは心掛も無之罷登候てより死去仕候に付何も心置こと無之候迚も我々位に而補ひ立候世上に無之候間馬鹿等敷忠義立は取止申候御見限可被下候

倘々當島代官三ヶ條の仁政相發申候一ヶ條は大島同樣書役の姦計にて御注文品宜き物は御渡し不足と相唱當人へは不相渡自儘に申受候處其弊を改人々注文品の通帳を以て御渡候節引合の樣罷成候由二ヶ條は寒中砂糖煎方頓と取實も無之實に作人共込入候由御座候處十分熟し候上春正月にても宜敷候間作人の心次第煎方取付候樣との趣に御座候處一同雀躍いたし候由に御坐候三ヶ條は當島は大島とは引違砂糖は過返しと申て三合代

米被下候由然處惣勘定不相濟內は右之過返米不被成下候處手短の作人共にて右之正餘計は羽書を以て取引いたし惣て一斤も不作姦商に謀取られ候處此度は內斤を以正餘計の者へは速に代米被成下全不作人へは不相渡直に自分正餘計の者へ配當相成筋に相決し是以大に勢立候向に御坐候當島は小島にて一躰弊も薄く豪族も無之其權無之中通を以おし候鹽梅にて至て仕安由に御坐候勤方內意に付ても前以進物等いたし候儀は決て無之內願は申出候由に御坐候得共其弊無之候由御坐候○假屋本へは一度も出懸け不申度々申來候得共却て面働くさく掛り合不申候五里計も相隔居候故頓と物音も聞へ不申候至ての田舍にて仕合の事に御坐候大島は余程夷の風盛に御坐候此度は遠島人同樣掟抔へも根付にて畏り居申候乍然島役迚も大島の樣には無之遠島人と申ても餘り卑劣には取扱不申向に御坐候頓と夷の風は取馴居候處不馴始終始ての振合にいたし居候故させる取（マヽ）にくり樣子に御坐候○當島は米國にて茶等少々持參候處惣て米に相成二石

計も相成候付飯料等は全く差支不申乍殘念品替等不致候ては此度は出來不申候故俗人と相成雅風は出來不申御一笑可被下候

〇九一

永久丸惠泰丸順惠丸三便之芳翰難有拜見仕候御同盟中樣彌以御安康被成御座候由奉雀躍候隨而野生無異消光仕候間乍憚御安意可被下候陳者天下之形勢漸々衰弱之體實に慨歎之至に御座候橋本迄死刑に逢候儀案外悲憤千萬難堪時世に御座候堀にも些目角相立候樣子殘恨之儀に御座候此先生江戸相逃候而は何の策も出來兼候半願くは此一ヶ年之間豚同樣に而罷在候故何卒姿を替走出度一日三秋に而御呼返之期相待居候處益夜深く罷成尙々恨を生し候時宜に而野生罷登候而又々何樣の肝癪差起候も難計幸孤島に流罪中之事故默止候樣と之猶豫不斷之輩吟味御座候半歟と苦察いたし居候儀に御座候〇先生方御國事は勿論朝廷之大難を御建白之處余程御忠誠を被察候儀實に感心之至爲天下國家難有次第に御座候然處不容易御

直書迄之一條夢々如斯時宜に及申間敷と考居候處何とも難有御事只々此死骨さへ落涙仕候儀に御座候畢竟諸君之御精忠感應と飛揚仕候次第に御座候御國家の柱石に相成れとの御文言奉恐候御事に御座候御請書に付而野生名前迄御書上被成下候儀過分至極痛入候譯に御座候〇到是何より以難有御儀に者主上確乎被爲渉候との御事何とも難申本朝之大幸と奉仰候御事に御座候〇御陣所を引候始末表に弱を顯し候姿に勃興之機相見得候事歟一向見留難付と奉存候御正義之諸侯も必氣を奪候半と遙察いたし居申候〇野生御呼返し無之儀は何方に被拒候哉殘情此事に御座候早捨切居候命爲何生ながらへ候也息之有限は微忠を　奉献に心掛計にてかく罷在候事に御座候間是非何樣之儀有之候共只々忙然と變を待可申哉罷歸さへ仕候者彌事を起可申候間其見込を以一日なりとも引延し候策歟何分御知らせ可被下候〇大正師氣之毒千萬之事に御座候

右之通荒々御報迄如此御座候恐々謹言

菊池源吾

二月廿八日(安政六年)

大税有吉様

御直書拜讀仕候て

思ひ立君か引手のかふら矢はひと筋にのみいるそかしこき。一筋にいるてふ弦のひゝきにてきえぬる身をもよひさましつゝ

○九二

尙々周公旦之御忠膽實に奉感佩候將又波平御刀一條正々堂々の御建議御尤千萬に御座候得共夫を只今取て返し候儀名分上より見る時は必ず殘恨の御次第可止譯に無御座候得共是は先つ其通にて幕に阿從之姿を以本道之御忠略奉願候儀に御座候夫をなせと申せは國奸より幕奸え箇樣〳〵と申込候而夫より色々譏を構候節は大害を引出可申候間隱然として此御耻を義擧を以て被取返候御謀畧奉願候此ぶた不入儀に御座候共考之儘申上候○南島にも大和流行病流行にて死亡多く野生も此節は被相打四五日は相苦候得共無程全快當分は先つ靜り候向に御座候

追啓上皆々様色々御丁寧之御品々御惠投被成下誠に難有仕合に御厚禮申上候○永樂儀は琉球にて破船にて御座候由○肥永岡大人死亡之段津田書面にも細々實悲儀之仕合個様之衰微之世上人傑なくなり候儀可歎可悲。大義之一擧に付御策略之趣幾度も承知仕候得共小生儀土中之死骨にて武運に拙く殊に大義を後にいたし端島に身を逃候儀譬へは破軍の降卒にて起て御斷申上候儀に御座候得共數ならずも先君公の朝廷御尊奉の御志親く奉承知如何にもして天朝之御爲めに不忍之儀も相忍び道の絕はて候迄は可盡の愚存に御座候間不顧汚顏拙考之儀も御返事申上候間必御親察被下御用捨奉希候

一堀より肥藩の決心一左右到來云々

按するに彌々決心候ても越ゝ一往之返事不承居候て事を擧候儀は決て仕間敷越と事を合て操出可申儀と相考申候夫而已ならす筑因長の一左右も必ず見合可申儀と奉存候就ては事を擧の機會十分相

調候はゞ兼々格護之事急に御突出奉願候其節遲議仕候儀は忠義之人に無之候併機會を不見合候て只々死を遂さへいたし候へは忠臣と心得候儀甚以惡敷御座候間是非御潛居被下候處奉合掌候

一堀若や幕手に相掛候節盟中之憤激云々

按するに盟中之人難に相掛候迚無謀之大難を引出し候事有志之可爲儀に御座候哉大小之辨別を不分事と相考申候依人成程殘念之至に御座候得共堀も何の爲に奔走仕候哉其心志を御取被下度死を決して天朝之御爲めに盡すに非すや左候得者其志を愛續こと盟中の盟たる大本と相考申候餘り理屈ヶ間敷御座候共楠公の正行を歸したるは子々孫々迄も朝廷の御爲めに忠義を遺したる彼の大親切後世迄も仰き慕ふ所に候其節正行も共に戰死仕候て大幸子にて御座候哉遺訓を守て忠義を盡し候所不論して明なり能々御勘考可被下候千騎か一騎に成候迄も我黨之忠節を盡候所肝要に奉存候必す口

口ゝに不可移儀に御座候

一三藩へ暴命之云々

按するに三藩に暴命を發候はゞ彌破れ可申奉存候もふ此上は死を賜ふの外に暴は有之間敷其節は必す彼方よりも應援之儀可申遣候事速に候はゞ其儀も間に合兼候半歟乍併盟中の儀は三藩と死生を共に仕度儀に御座候如何とならは先君公右三藩と共に天下之大事を被爲談朝廷之御爲に盡させられ候御事に御座候間同しく決心仕度儀と奉存候三藩動立候はゝ共に動立可申儀と存候

一堂上方に恐多も難を奉掛候節云々

按するに堂上方へ手を掛け候はゝ定めて勤王の諸藩空見して能在申間敷候間必す疎忽に動立不申諸藩と合體いたし候て是非共御難を奉救儀肝要と奉存候憤激之餘りに事を急き候ては益御難を可奉重候間能々御考可被下儀と奉存候

一陽明殿ゟ添書之儀間々御評儀《マヽ》も有之候儀にて若哉吟味不届候て異議之儀共に相成候ては却て不宜儀に御座候間伊地知え考付候處得と相咄置候間御談合可被下候□□《マヽ》之儀同斷申候間左樣御納得可被下候

一諸藩之有志見當に相成候人云々

水戸　武田修理
　　　安島彌次郎
越前　橋本左内
　　　中根靱負
肥後　長岡監物
長州　增《マヽ》田彈正
土浦　大久保要
尾張　田宮彌太郎

右之外御意見之趣難有感服仕候必御頓案被下間敷奉願候頓首

正月二日夜認む　　　　　　　　　　　　　　　源　吾拜

正　助様

○　九三

酷暑例より凌兼候へ共彌以御壯剛珍重奉存候隨而小弟無異延光乍憚御安慮可被下候扨君公益御機嫌能被遊御座恐悦御儀奉存候先日ハ日下部伊三次御召抱ニ相成誠ニ難有大に力を得彼是敎示を受候儀に御坐候水戸に被罷在日に○○四度幕府ノ捕れニ付んとする事五度かく大難ニ處し候人物にて彼是事に老練忠義ノ者に相違無御座候當分ハ一向差はまり粉骨碎身可致との事にて早速より相働れ候次第實に大幸御悦可被下候將又豊一條當暮迄之内には○打落候儀と慥に見留御座候間巨々細々御納意可被下候其外何迄御報知偏に奉願候右暑中御伺旁奉得御意候恐々謹言

西郷吉兵衞

大山正圓樣

○九四

奥羽之兇賊未至平定北越白川至急之故を以今般出軍申付候間各相勵隊中一和親睦いたし押前之軍令相守可申候たとひ不得心之筋於有之ハ隊長監軍にも幾度可申出候私ニ爭論ニ及候而ハ軍法ニ相背候付是非曲直を相正し公平之所置可相紂《糺カ》候尤行軍中宿驛等ニて決而猥りケ間敷義堅有之間敷候於出軍ハ賞罰之義一同之公義を以可被行候條戮力同心一涯勉勵いたし戰功相遂候儀
御賴被
思食候

○九五

東山道爲先鋒弊藩ゟ差出置候人數之内野州邊賊徒乱入いたし官軍爲應援一小隊幷長州一中隊大垣一中隊を差出候處同廿日岩井驛ニおひて賊兵千五百人位と及戰爭互大小砲打合候得共頻ニ攻擊ニ及候處纔半時計之間ニ

賊兵散々ニ敗走いたし賊首百餘級打取大ニ勝利を得分捕數多有之弊藩手負討死別紙一印之通御座候

一同月廿三日壬生城より弊藩一小隊大垣一中隊宇津宮城ニ楯籠居候賊兵爲攻擊出軍いたし候處城外ニ砦を構居を打破り追々相進城涯迄押詰候折柄賊兵裏路ゟ拔出官軍之後を絶切前後之敵を受難戰ニ及候故伏兵を設前之賊兵を支へ置後之賊兵を打挫三時餘之戰ニて味方を一所ニ相圓兵粮相仕り候處ニ本文岩井驛おひて相戰居候三藩之兵結城を相發し本街道ゟ押來り因州之兵隊ハ壬生路より相進兩道之應援の諸勢會戰ニ及候付大ニ力を得又々進擊いたし候處終賊兵及敗走官軍大勝利ニ相成賊首百數十級打取分捕も數多有之宇津宮城主幷藩士も追々歸城ニ相成野州邊都而鎭定いたし賊兵日光ニ迯去候由其節弊藩手負討死別紙二印之通御座候

右之通兩戰共官軍大勝利を得候趣申越候間不取敢御屆申上候以上

○ 九六

凡衆庶を牧するハ各道ニ因て其業を勉勵いたさせ候譯ニて樞要之綱目於
朝廷御約定之件々億兆之方向も御示諭被爲在候上ハ第一其義ニ先立て可相盡事故既ニ於京師其砌一同申聞置通ニ候就中軍局之後ハ國家之興廢人之死命を司り候へハ大信をハ規律相建賞罰共ニ人々安し候樣無之候而ハ萬人一和親睦之道も不相調候付深ク心を可用事ニ候殊ニ
王政御一新之今日ニ當り候而ハ育民治安之策といへとも世態之變遷を熟察し大政之基礎確定いたし一國之元氣倍養之道合力同心して事業擧候樣一涯《マヽ》はまり吾等之闕ヲ補ひ候國是相定候處偏賴存候事

○ 九七

御手紙忝拜誦仕候陳ハ今夕方ゟ幸輔同道ニ而岩倉殿江罷出細々御議論承候處實ニ六ケ敷場合ニ成立候故大ニ心配仕得と御論判申上候處彌明日御暇ヲ仰出候筋承知仕候付御安心可被下候將又大坂御手當向之義ハ都而相調

候由仕合之至に御座候此上宜敷御願申上候餘ハ明日期御面上候以上

六月七日

追啓上長州江御使者之義ハ幸輔より私江參候而委細申上候樣承候付相勤可申候間左樣御納得可被下候拜復

得能良助樣

西郷吉之助

○九八

只今罷歸夜分御失禮と奉存候得共明早朝ハ外方江出懸候付御賴申上越候明日十二時後サトウ歸坂候賦ニ御座候間被下物不被仰付候而ハ相濟間敷吟味仕候處大和錦二本是ハ同文之もの縮緬貳疋是ハ白紅是丈御調被下候而誰そ同席之中持參いたし挨拶相成候樣御計可被下候早目罷歸候て相勤可申候得共先御賴申上置候サトウ同伴人ハ野津七左衞門外壹人御見立被下候而下坂被仰付度野津ニハ金子拾五兩御持せ遣し被下何篇都合いたし候樣御申付被下候旨幸輔ゟも申來候付宜敷御賴申上候此ゝ乍畧義以書中奉得御意候頓首

正月廿八日　　　　　　　西郷吉之助

得能良助様

要詞

○九九

新年御吉慶御兩殿樣御機嫌能被遊御超藏恐悦ノ御儀奉存候陳ハ長州御訊問ノ次第今ニ至極秘シ居候故巨細分兼候得共別紙眞僞難計候得共手ニ入候付差上申候全ク愚弄セラレ候姿ニテ一段此談判ニテ勢ヒヲ却テ墜シ候時機ニ御座候迚モ所置ヲ立候付テモ相當ノ儀ハ出來申間敷案ニ相違ノ向ニ被相伺申候幕府ノ見込通何モ出來兼候樣子ニ御座候益諸藩ハ動キ不申勢ヒ相成實ニ失望ノ姿ニ御座候近日大久保越中守上坂仕候付決テ大策ヲ立可申カ若不被行候得ハ此人物ハ只官路ニ上ケテ餌ヲ以繫止候儀ハ萬々出來申間敷道不被行候ハヽ必引込可申此大久保ノ進退擧動ニ付テ幕府ノ運ハ定可申何迄ニ運立候哉大事ノ場合ニ御座候越前ヨリモ中根雪江近來

上京國論モ慥ニ居付尊幕ハ屹ト取止ニイタシ名分條理ヲ以突立候由ニ御座候親藩サヘ右樣相離レ候勢ヒ御推量可被下候此旨大畧迄如此御座候頓首

正月五日　　西郷吉之助

蓑田傳兵衞樣

○一〇〇

御兩殿樣益御機嫌能被遊御座恐悅之儀奉存候陳者御當地之形勢モ格別相變候儀無之藝州表之談判モ未タ不相分當月八日比着之賦ニテ御座候由彌伺通之所置ヲ以テ參候得ハ決テ承服不仕事ハ幕府ニオヒテモ疾存知之譯ト相考申候乍然戰ヲ始候樣子更無之就テハ何ソ細工ヲイタス賦カモ不知事ニ御座候先此所置ハ表通ノ譯ニテ大赦トカ何トカ申者ヲ以テ至極寬大ナル所置ニ出候モ不被計事ニ御座候何レ當月中ニハ樣子相分儀ニ御座候間相知次第直樣急飛ヲ以申上候樣可仕天下之形勢モ此一擧ニ變替可致事

奉存候諸藩之摸樣モ余程相變幕威ノ衰弱ヲ眞ニ知兼疑ヲ被掛候テモ思ワ敷ナルモノト合點イタシ候樣子被相伺申候大道之相建候所イツレ心服可致世態トハ相成人心之場合是ヨリ外ニ無他次第ニ成行申具眼之人ハ大ニ道ヲ起シ可申時ト奉存候若哉戰相始候ハヾ諸方ニ蜂起可致甲信二州ノ邊ニモ其萠相顯候由一度動立候ハヽ瓦解可致事ト奉存候大坂ニヲヒテモ大久保越中守屢建言イタシ候得共頓ト相行レ不申病ト稱シ御暇願出候由東歸之含ト被相聞申候板倉侯ハ隨分御宜敷小笠原侯モ今日ノ事ニヲヒテハ是ト申御失ハ無之候得共何分御斷シ被成候處兩侯共乏敷込入トノ趣越前中根雪江へ相咄候由御座候其上板倉侯ニハ腹心ノ臣ニ奸智ノ者有之此人專事ヲ任シ居候由御座候勝安房守如キノ人物ハ只今天下ニヲヒテ上等ノ人ニ可有之處却テ氣違ノ樣ニ幕人ハ申居候由大久保之建言モ一向不通由ニ被相聞申候是位ノ急難ニ迫候テモ人物ヲ欲セサル事ニ御座候得ハ衰運極リ候事ニ御座候御苦察可被下候江戸表ニヲヒテ岩下君二度談判モ有之

候由英人ハ余程解ケ候由佛人ノ處至極幕吏ト結居候間イマタ十分ニハ參兼候半乍然佛ヨリ大ニ依賴ノ向相見得居候間必ヤリ付可申トノ趣中來候何分近來幕夷大ニ橫濱夷館ニ立入候儀ヲ相禁ジ御國人ハ尙更付添居候由ニテ存分ノ咄合出來兼候向ニ御座候必ス御世話被遊譯ハ有御座間敷ト相考中候此旨荒々奉得御意候頓首々々

二月十八日

西鄕吉之助

蓑田傳兵衞樣

○一〇一

御兩殿樣益御機嫌能被遊御座恐悅之御儀奉存候貴兄ニヲヒテモ寒冷無御障御勤仕之筈珍重奉存候陳者江戶表御役所等御引拂之一條如御尊論政府ヨリ表通御問越相成候趣疾クニ承知仕候此一條ニ付テハ專私主張イタシ候事ニテ御座候天下之事情不貫徹ノ御事歟決テ果斷抔ト申御扱ニテハ無御座時勢相當之御事此御方樣ヨリ先ニ立テ御始メ被成候儀之譯ナレハ御

懸念之御事モ可有御座候得共各藩ニハ後レ候事ニ御座候親藩スラ御主殿迄モ國ヘ引取定府モ不殘引拂候次第ニ御座候勿論大奥不被召立置候テハ天璋院樣御方ヘ御情義ニヲヒテ候爲疎候譯更ニ無之如何程大粧ニ被召立候迚只御取次迄之御事日々御用共相初候譯モ無之只費用ヲ重候迄之事ニ御座候御主殿迄國ニ引取シ義ト親疎之情義ヲ以大小輕重之處如何可有之哉左スレハ只費ヲ増候計ト相成可申他邦ヘ御緣邊之御方々樣ニヲヒテモ大方御國元ヘ被爲入候御事ニテ是以御疎遠之筋ニ被爲當候御譯合モ無御座候大緣寺等之義御役所不被召立置候テハ不相濟儀モ有御座間敷御元祖樣御靈屋ト申ハ何百年モ戰爭ヲ經テ鎌倉ヘ被爲在候御事ニ御座候得者是以被爲屆兼候場ニ難申上イツレ君公モ御出府不被爲在日ニ至リ御役場被召立置候御譯合無之御事一々條理ヲ以論シ詰候一ハ何モ節之立候御事ニモ無之只嫌疑ヲ恐レ候迄ニ相成可申當時ハ幕威相衰候故嫌疑ヲサケ候所ニ少シ手之見得候得ハ益嫌疑ヲ重候場ニ陥可申四方嫌疑ヲ掛候世上ニ候

得ハ是以中々行屆可申樣モ無之是迄幕府之仕掛ト申者ハ色々流言ヲ放テ嫌疑ヲ掛テ内之混雜ヲ見テ俗論ヲ助テ立崩シ候儀妙手ニ御座候當時之處全ク手ヲ引テ名義ヲ明ニシ條理ヲ正シ樞要之場ニ建言相成候故却テ俗眼之嫌疑ト見ル處ハ幕府之一策ト相成モノハ自分之失体ヲ改不申候而ハ不相濟モノト相成日々變革ニ心ヲ向候趣ニ御座候右樣事情之不通ヨリ裏ハラニ相成モノニ御座候間御熟考可被成下候尤岩下君吉井氏下着相成候付右邊之所相分居可申事トハ相考候得共尚又上村下着相成候ハヽ江戸表之事情巨細御分相成可申間ニハ私情ヲ以嫌疑說ヲ唱候モノモ有之向ニ御座候拜借等自由ニ相調隨意之遊樓ニ面白カリ江戸ヘ行タシトノ念不已候テ物議相起候事モ不少哉ニ相聞得申候間必俗論ニ御沈被下間敷天下割據之姿ニ相成イマタ戰ヲ不始計ニ御座候處因循之說ヲ以テ諸方ヘ大ニ費用ヲ增シ候義有眼之モノ可恥事ニハ有御座間敷哉實ニ無用ヲ省キ有用ヲ事トスヘル時節小事ニ拘ヒ區々タル譯ニハ無之事ト奉存候上村ヨリ委敷御聞取

得ト御深察奉希候若事實相當之譯ト思召ニ候ハヽ政府ヘモ宜敷御辨解可被成下候不相當ノ譯ニ相成候ハヽ其罪ハ私蒙申度天地ニ正シテ恨無御座候付少シモ御遠慮被下間敷候如何樣共御取扱奉願候爲其貴兄迄申上候間公平ヲ以御吸（汲カ）取可被下候頓首

十二月六日　　西郷吉之助

蓑田傳兵衛殿

別啓仕候御當地之形勢モ暫時ハ不動些靜マリ候鹽梅ニ御座候得共兵庫開港一條六ケ敷成立再攝海ヘ廻艦之説紛々ト相起候得共彌相迫トノ義ハ不相分大ニ失策ヲ働候義ト一橋抔後悔之向ニ被相聞幕府ニヲヒテモ私意ヲ以朝廷ヲ欺キ候後難之恐ヲ慮リ此機會ニヤリ付置樣之計謀モ不知處ニ御座候若右樣之計ニテ攝海ヘ相迫候ハヽ又一機會モ相生シ此節ハ意之儘ニハ參兼可申事歟ト奉存候此度之所置ヲ失ヒ因備邊之處モ頓ト一橋侯ニハ兄弟之親モ相離人望絶果候向ニ御座候幕府ヨリモ大ニ嫌疑ヲ掛居候處全

嫌疑ヲ遮ル賦ニテ相働候事皆々嫌疑ヲ重ネ計斷果候向ニ被相聞候兵力ハナシ如何トモ致シ樣無之樣子當分辭職之儀モ御申出ニ相成候由是ハ畢竟是迄ハ一ヶ月壹万六千兩ツヽ幕府ヨリ續來候處昨年來全不相送候付京都町奉行切手ヲ以一万五千兩ツヽ月々差續居候處將軍上洛以來此手モ相離一切續料モ無之拾万石限之事ト相成十方ニ暮候處ヨリ關白殿下至極之御ヒイキ故攝津邊御宛行之義モ御達相成候得共閣老邊之處誰モ受續人モ無之此辭職ニ付願之趣不被聞食候樣會津ヨリ殿下ヘ申入候處海防手當相成候丈ハ御宛行之道不相立候テハ御差留之處モ六ケ敷譯ニ候段御沙汰相成候處決テ何之備モ入ル事ニハ無之陸地ニ引上ケ接戰ヨリ外ニハ策モ無之候故刀一本ニテ相濟候譯ト申切全相拒候由ニ御座候就テハ閣老之處ハ格別差候向ニ無之候得共其下之處一橋侯ヲ惡ミ候儀甚敷只今之處難ヲ不生ハ閣老ノ不應迄ニテ今日ヲ過候事ト被相聞申候ツマリ此間ニ變テ生シ候儀相違有之間敷ト申說ニ御座候實ニ兵力ハ無之危キ事ト被察申候天下之人

望ハ相離可頼處更無之樣子ニ御座候會桑之處ハ少シハツルバリ候處モ可有之候得共餘ハ全手切ニ罷成候由ニ被相聞申候
長州之儀モ永井戸川抔先月六日大阪出立ニテ廣島迄參候得共一段病氣ト稱シ井原引取候後不參イマタ談判モ無之由ニ被相聞申候若哉不出來候得者如何可致事哉ト又心配之向ニ被相聞申候中途迄段々ト人數モ操出シ居候得者是以何トナク引揚候儀モ出來申間敷實ニ大笑ニ堪不申事ニ御座候全躰永井等へ含之趣ハ領地取上大膳父子之處モ退隱ト申義ヲ申出サセ候得ハ山陵之一條ニ付大赦被仰出ニ相成賦ニ候間其廉ヲ以是迄之通何モ差支ナク被仰付トノ諭有之賦ト申說ニ御座候得共長州ヨリ不出來候而ハ何之策モ不被行込入候事ト被相聞申候板倉小笠原之兩人御登用相成候得共イマタ何モ相變候義無之是以因循之樣子ト被相伺申候畢竟幕吏之黜陟モ相始候含ト被相聞申候得共若哉沸騰ヲ生シ候テハ我身モ危シト申事ニテ川越候之上坂ヲ相待居是ヨリ事ヲ始候得ハ物議モ相起候ハヽ都而川越候へ

打歸セ可申胸算ト申説御座候右樣身構ヲ先ニ致シ候位ニ御座候得ハ大概程カ知レ候事ニ御座候可歎世態ト罷成申候此衰運ヲ立直シ候儀余程豪傑ニアラスンハ出來申間敷事ト奉存候會藩抔ノ處モイツレ明賢侯御來會ト申場ニ不相成候テハ迚モ天下之治リハ付申間敷ト近來致方ナク議論モ相立候樣子ニ御座候詐術權謀ヲ以諸藩ヲ愚弄致ソフトハ餘リ氣强キ仕方ニテ御座候見込通不參ト相見得近來ハ餘程媚ヲ求候次第實ニヲカシナ事ニ御座候此旨大略申上候間宜敷被仰上可被下候恐々謹言

十二月六日　　西鄉吉之助

蓑田傳兵衞殿

〇一〇二

兩度之御問合之趣致承知候愈昨日夷船來著早ク情實ヲ得可申含ニ而百方手ヲ盡候處未タ細事相分リ不申今朝小蝶丸乘頭ヘ相達異船ヘ爲乘込動靜爲相伺候樣相達候處只今別紙之通申出候來着之時分ヨリ坂本並中路兩人

者兵庫ヘ相廻シ置候得共未一左右モ無之表通黒田彦左衞門探索方トシテ兵庫ヘ御留守居方ヨリ差出候吉井幸輔ニハ越前邸ヘ參候得共委敷不相分木脇權一兵衞者幕吏ヘ聞繕方爲致候處今日天保山沖ヘ碇泊之船一艘有之候故右船ヘ兩町奉行並御目附乘込候趣ニ候間來着之趣意相尋候處日本語ヲ以御方ナトヘ難相咄頭役ナラテハ談判難出來乍氣之毒ト挨拶致候故閣老小笠原爲差越由候得共未タ何事モ相分不申明朝ニ相越候由候得共其趣未タ摸樣相知不申今通之向ニテハ幕奸ヨリ相進メトモ不被窺候得共油斷ハ不相成候夷船ハ都合九艘ニテ英船五艘佛船三艘蘭船一艘ニテ候其内佛船一艘ハ天保山沖ヘ懸居候外八艘者兵庫ヘ相廻居候皆蒸氣船ニテ御座候由只今迄之形勢相分候而已申上候明日ニ相成候者何分相分リ可申速ニ申上候樣可仕候今日參內之儀御延引ニ及候儀承及候如何之譯ニ而相延候哉不審之事ニ御座候何レ幕手ヲ相離レ朝廷約定之御願申上候者何レ各國之諸侯被召呼天下之公論ヲ以テ至當之御處置不相成候而者不相濟只幕府ヨリ申

出候計ニ而兵庫開港勅許共相成候樣之事ニ陥リ候而者皇國之御辱此上モ無之事ニ寄リ堂上方之例ノ恐怖心ニテ義理モ分別モ有之間敷歟不堪歎息儀ニ御座候此段早々形行迄申上候以上

九月十七日夜　　西郷吉之助

大久保一藏樣

○一〇三

御書翰辱拜誦仕候彌以御安康之雀躍此事ニ御坐候爾來御疎情之至眞平御海恕可被下候隨而小弟無異儀獄中ニ消光仕候間乍憚御安意可被下候陳ハ貴兄如何之御所置相成候哉案勞仕居候處先ツ輕目之御扱にて至野生御悦申上候何ハ扨置於前之濱炮戰之噂承有髮冠を突候仕合ニ御坐候此已來如何之時態ニ相成候哉一戰迄之説而已ニて頓ト不相分案勞此事に御座候天下之所論如何に成行候歟一度戰聲響候て決而乱相始候半割據之姿に可相成候案中之事被相考居申候幕威日々相衰候模樣と被伺申候間決而覇業を

起す邪心之諸侯も出來候半歟いつれ夷人に相結彊國ハ彼を以內を痛め鋒を挫候而衰を待候て事を被計候はヽ如何計之國衰にも可及事に御坐候半可畏世上に相成申候○京師之摸樣も紛々之樣子と被伺慨歎此事に御座候御互ニ折角正氣を養ひ可申時節ニ御座候乍末筆美墨御惠投被成下候而難有御厚禮申上候此旨御禮答迄荒々如此に御座候恐々謹言

尙々島方氣候不順之事ニ御坐候間御保養專要奉存候何も日暮無之候而詩作に打立是共樂にいたし候事に御座候愚詩入御覽申候間御一笑可被下候

十一月廿日　大島吉之助

村田新八樣

○一〇四

御兩殿樣益御機嫌能被遊御座恐悅の御義奉存候陳ハ大坂の形勢も運行の事には無之專閣老會一の密議にて若年寄邊より下には全不有響との由に

て軍議の次第不相分候へ共別紙小倉へ及談判候書面を以相考候處此度の再征ハ全名もなきものと相成條理を失候儀と進行益先き暗き方に陷申候いつれ理を失ひ候はゝ勢を以押へ懸らす候ては致方無之候へ共勢相挫け居幕府一手を以戰は出來不申諸藩の兵を募ると申ても名の立樣有之間敷理勢共に失ひ候ては尾のとれ候處如何可相成最初名義を正しく不致候て胸算を以諸藩可應事と輕卒に動立候故行先拙策に陷候事にて大坂中の人氣ハ彌增に惡敷惡計被行笑止千萬の事に御座候德山岩國ノ兩所も何か故障付候ト相見へ清末にても長府にても萩の家老にても不苦との令を替候是以最初より大きに打開出し不申候ては不相成處又外供は兵庫迄內供は西の宮迄にて只兩人の供列にて大阪へ出懸候儀違替も有之紛々の計にて實に阿放を極申候事に御座候蒸艦御迎船の義待に待候處今日迄も着不致如何の事と按煩候義に御座候就テハ守衛御引拂の御策も不被行事か此機會を御見居無之候ては御大策相立兼候半かと日々御左右相待居候事に御

座候少々の御盡力にては迚も此形勢にては詮立候義無覺束事と奉存候諸鄉守衞人數の義交代前差掛候處此內より過分流行病にて人氣迄も挫居候次第にて戾風頻に吹立居候間中途代りの處を以一隊も御差立相成候付交代參候時宜に相成候て是迄の通の振合を以取計可申付大坂の船繰を以順々御差立相成候間左樣御含可被下候右御引取に付ては邸中の議論も一致に無之候ては跡以色々異議も難計當分にては全く左樣の譯は無之候へ共念を入衆評に出し候處全く異論の譯は無之候間爲御心得差上申候付御覽可被下候いつれ共其御元の御吟味は相決居候半かと相考居申候小倉へ相渡居候幕大目付塚原但馬守會藩諏訪常吉と申者皆歸坂いたし居候由畢竟長より談判六ヶ敷夫か爲に罷歸候半かと申說に御座候長よりの談判抔の義至極秘し居候由藝藩抔にも岩國より使節參候一件悉く秘し居候筋と相見へ申候大阪にては來月廿七日限に長州より不能出候て人數御繰込相成候其心得罷在候儀段々の幕役へ達に相成候趣木場より申越に初の議論に

さへ負を取候て戰は尙更出來申間敷尤をかしな事に成行申候會の諏訪海江田方へ參候て初に再征と被仰出候儀誠に失策との咄いたし候由夫は畢竟長より條理を以及談判候故昨年の所置を出し候儀も不相調再征の義言崩サレ名ナキニ込て尙更自分にこしらへて再征をいとひ候筋被相見得申候頓と策を失ひ候と見へて薩州より周旋は有之間敷哉抔と吹聽いたす樣子と相聞れ申候尾州老公を又引出すとの噂も有之候由とふも仕方可無之色々工面を替候事と相見へ申候佛人より申立候は是迄の定約は本道の譯に無之候間幸大樹公にも大阪滯在と承候故攝海へ相廻一定の約書を得度候付談判可致申立幕役心配いたすとの風說も有之候へ共突留の說はいまた得不申候別冊中路權右衞門より聞合申出候書面差上申候間御覽可被下候頓首

八月廿三日　　　西郷吉之助

大久保一藏樣

○一〇五

蓑田傳兵衛樣

嚴寒之砌御座候得共先以御機嫌能被遊御座恐悅之御義奉存候陳ハ先度申上置候以後ハ五卿之一條不相運色〻筑藩よりも心配仕月形洗藏申者差はまり盡力仕候處五卿も御開と申義も相決諸隊之處半方ハ折合も付纔に一二隊之處過激之論も有之候得共余程說付候向に成立私にも一篇ハ下之關ゐ罷渡呉候樣月形より申遣候付吉井稅所之兩士不聞入同道にて罷渡候處諸浪之內四五輩も參一夜議論も有之諸浪之隊ハ一同歸順之運にも成行隊長之者とは兩度も論判仕候處合點も出來一向五卿之御開も相盡候次第ニ而實に大幸之事に御座候大概激黨も降伏之勢成立相樂居終五卿も諸隊ゐ斷然御離れ切と相成御書取ヲ以十日之期限も相極候付萩之政府と諸隊とは寇讎之如相成居候付其邊調和之道相立候へは一同解立譯に相成候付早〻岩國ゐ志し出帆仕候處去廿日朝着イタシ候而吉川ゐ得と談合仕候處々能

汲受此節自ら張出長府邊ゟ直様踏込説得之含勿論萩府に而之俗吏兩三人ヲ退ケ激黨より望を掛居候者兩三人も引上け調和之筋も相立賦に御座候處廿一日朝萩表より使者両人岩國ゟ相達變動之向相聞得候折柄岩國より差出置候人〻も罷歸得と承合候處長谷川總藏萩ゟ參居余程せり立打取之策を立候向勿論戸川伴三郎山口城破却巡見として參居色〻被責付候向と相聞得十八日晩七人之者を入牢申付翌日は直様斬罪に取行ひ候由前田孫右衛門猶〔楢カ〕崎彌八郎山田又助大和國之助渡邊藤太松島幸藏毛利登此七人に而御座候左候而末藩等ゟも人數差出候様相達千人位之勢萩表より押立候由激黨之内には蒸氣船二艘を奪撫育金と申を掠取候由何方ゟ乘廻候歟いまた不相分繋場より屆申出候迄に御座候頓と調和之道も絶果殘念之事に御座候右等之拙策を用ひられ候而者實に込た事に御座候何分にも右様破立候而は施へき策も無之勿論督府之見込不承候而は如何ともすへき様無之候付昨日廣島迄着仕候岩國に而説得之道も相立候はゝ五卿受取之義も

相決候付速に解兵之策を督府ゟ説込合に而御座候處案外之次第に成行申候岩國に而承候には京師に而も水人入込候との風說粗承候間速に驅登合に而小倉表ゟも書面岩國より差出尤人數操登之義も荒々申遣置候而廣島迄參候處御手洗よりいちゝ正治書面相達居頓と安心仕候兩三日も見合候はゝ長州之摸樣可相分候付時機次第には早々罷登候樣可仕候間左樣思召可被下候何分爰許之處も不見止候而は不相濟候付暫相扣居申候此旨大略形行迄申上候恐惶謹言

十二月廿三日　　西郷吉之助

帶　刀樣

〇一〇六

御分袖以來不能御音信候處彌以御安康奉賀候陳者當月朔日安着いたし候處三四日ハ病氣ニ而引入居御上京之說者直樣言上不仕一同之評議ニ掛一決之處を以言上之含ニ而御座候故形勢見合居候處不罷歸內ニ御大故之時を以御上京可被爲在事ㇳ段々建白之向も有之候由ニ而執政方も難澁被致

候趣ニ御座候三五日も相過候付一同御會議相窺候處備後殿御初執政中御側役中都而出席相成山内いちゝハ湯治ニ而御座候故罷歸候樣申參相揃ニ而議論持出候處案外老先生方之御議論盛なる事ニ而速ニ御上京之義相決大慶之事ニ御座候此度之衆議不相決候歟又ハ御決定不被爲在候得者退身之含御座候故强ク申建も不致候得共案外之事ニ而我輩ハ飛揚此事ニ御座候御遙察可被成下候夫故翌日ハ桂家諏訪家御兩人与私も

御前に罷出具ニ言上仕候處直樣御承諾被遊候付十三日夜半より出帆いたし容堂侯に御使者相勤候而罷越巨細申上候處氣味能御返答ニ而生再不罷歸与迄被仰候由至極之御決心出來被爲難有次第ニ而御座候三月中を限与御定相成私之滯在中ニ御上京之御廣め相成餘程御はまり出來候段福岡抔咄合申候夫故昨日御發し別紙之通被

仰出候間いつれ三月廿日比ニ御發途之御賦ニ御座候間其御許之御手當等

ハ宜敷御願申上候宇和島ハ余程因循之御説ニ而御上京被成与ハ御返答被爲在候得共無覺束被思申候嘸御待長御座候半与案勞仕居候得共無致方延引罷成申候小松大夫にハ別段不申上候付宜敷御執達奉願候頓首

二月晦日　　西郷吉之助

大久保一藏様

〇一〇七

中將様御機嫌能御着阪被遊尙御通り御鹽梅も不被爲替候段承知仕恐悅之御儀難有奉存候陳は御交代之場に運候得者　朝廷へ被爲對候而も同盟之諸侯へ被爲對候而も名分實義相立無此上も御場合に到可申と是而已相祈居申候御堀耕助も明日爰許可致出立との事國許におゐても餘程相待居候由に御座候間差立候様可致候間其許におゐて宜敷御計可被下候別段御留守居へも不申遣候に付宿等之儀も宜敷御下知可被下候扠御堀一人昨夜私宅へ參り先一人之存慮と申譯に被申立候趣は幸此度は末藩等上阪被命候に付一擧之期限相定候は丶三日前に上阪いたし候都合に仕向候は丶如何

可有之哉與申事に御座候間邸中も一同右之處希居候事與相答申候處右之處に相決し罷歸可申尙國許においても得與談合いたし取究置可申との事に御座候間左樣御含居可被下候決而此處は相違は有御座間敷與相考居申候全體右邊之處打合可申ために上京いたし候筋と被相伺申候此旨奉得御意候頓首

八月十六日　　西郷吉之助

大久保一藏樣

〇一〇八

今朝福岡藤次參り昨夜土州よりの一左右有之たる由にて英船の談判も一と通相濟都而奸策を可破との趣意に被相聞申候去る六日英船洲崎港へ着相成直樣後藤英船へ參候處何れ談判に付ては幕府へ引合之上ならては手順も不相立故土州と英國と計にては不相調乍然是迄懇信を結居候譯柄にて情實は可相咄との事に御座候由全此節之處疑念迄之相手相知候得は土州

を疑居候事故戰爭相始打破て英人疑念を可晴との趣にて御座候由就ては後藤より返答致候には全事跡不相分疑念を以て可戰條理も有之間敷勿論右樣之戰を相始め候ては各國へ對し英國之耻辱にては有之間敷哉乍然戰は不好譯なから是非可戰との事候得は道に於て可決戰得と取調候樣申置候て其日は相止候處同夜薩道上陸致し後藤と懇信之處を以て談判候處橫笛と申風帆船と小軍艦とに疑を掛候ものと被相聞候付幸小軍艦者土國へ繫居候間右之船將とを引合可申候に付委敷可承旨申置翌七日幕役を始異人目前にて列座の上長崎を出帆致候而汐掛等之次第詳に申聞候處全く長崎の風說とは大相違致し土州之處は氷解之樣子に御座候何れ此上は土州よりも尙又相手探索可致に付長崎に於て取調若し土州之者暗殺致候はゝ可然處置可致との約定に相成早々長崎へ向け同九日には洲崎港を出帆致候由幕船は土州より歸阪之賦に御座候處英人より被相迫是も同樣長崎へ相廻り土州よりも阪本龍馬等數人乘組にて薩道を乘せ長崎へ相廻り候由

「ミニストル」には横濱へ罷歸候向に被相聞申候薩道は跡に殘り候故城下之方浦戸へ相廻し城下におゐて容堂侯御逢相成候由「ミニストル」には未談判不相決候故御斷申上候由に御座候長崎におゐては後藤抔の留守を窺ひ肥州邊か又は幕吏共奸吏共奸策を施し候事と土州に於ては引受候向に被相聞是非幕府之探索不出來内相手を土州より探し出へしとの心組と被相聞候付願くは相手知れ度事に御座候然れ共相手不相分と申ても土州と戰爭に相成る氣遣は無之處迄には相運候筋に被相聞申候薩道へ御逢相成候一條は餘程土州中之議論相起候て役人大心配致候筋に相見得申候此報知之爲に蒸氣船參りたる由御座候得共是は兵之助公子を御乘せ候て歸國致し夫より直樣後藤抔上京と申都合に相決居候由に御座候間不遠上京相成事と待遠き事には御座候得共先つ一と安心は致候事に御座候此旨荒々申上候御都合を以て達御聽候儀共は宜敷御取計可被下候頓首

八月十六日

西郷吉之助

大久保一藏殿

○一〇九

今朝承知仕候大藏省ゟ御申立之一條五代等を以被仰込候御手數ハ可宜候へ共大隈抔之詐欺何共難被申殊ニ井上留守中之事候得者歸府之上見込相違いたし候時分ハ都而反對之論ニ落可申ハ案中之義と奉存候間寂初上野ゟ得と御打合相成候而能く合點いたし候ハヽ大隈抔ゟハ上野と御同行ニ而證據人相立御談判被爲在若相變候節ハ如何共被成方無之儀成立可申其節ニ至り如何程立腹いたし候共無詮譯ニ成行可申候間其段ハ爲念申上置候夫故黑田了介抔ハ時々談判之節ハ證書を取付置候次第ニ御座候間能々御注意可被成下候省中どしの事さへ如此仕合況や縣官之事ニ候得者言曲け可申候付御ぬかり無之樣被成下度奉希候五代抔を以御計ひ被成候て能受合相成候共今一度ハ是非御直談ニ相成證書取る迄にはなく共取替之御手數ハ被成置度奉希候此段以書中荒々奉得御意候頓首

五月三日　西郷吉之助

桂　四　郎様

○一一〇

此度着阪相成候人數丈ハ迚も滯在相調間敷候間備後殿丈け御滯坂相成餘ハ皆次第次第に上京被仰付候方宜敷は有御座間敷哉左候而兩日中には後藤之引合も可有之候付決議之上はいつれ成御伺に相成候而御決定之御運に相成事候付其節ハ太夫(小松帶刀)御下坂被成下御定策を以御跡之處全御委任被爲在候へは何篇都合可宜與愚考仕候付又々卒度乍略義以書中奉得御意候頓首

九月七日　西郷吉之助

大久保一藏殿

要詞

○一一一

御不快之由甚以御不音いたし居申候折角御養生可被成候扨土州之後藤より又々御相談之趣御座候由太夫(小松帯刀)御宅へ貴兄之處より歸掛け參候而尙又申述候由御座候間貴兄御賢考之通今日ハ建白書差出候樣御返答相成申候間左樣御納得可被下候此旨乍略義以書中奉得御意候頓首

九月二十九日　　西郷吉之助

大久保一藏樣

○一一二

長州藏屋敷之儀無難引拂候而賊之巢穴を取毀候由仕合之事ニ御座候北條与申ものも去る者与承居候處餘り拙き仕業一城を暗〻与明渡候儀人臣之義を誤つものに御座候此度に付而は義死之者相少く一國之風推計られ候藏屋敷も破れ落武者迚も一人哉二人之事に可有之候間奈ら原一隊は歸京いたし候樣御通し可給候此旨荒々如此御座候以上

七月廿四日　　大島吉之助

追而先度より申越相成居候御米品〻御差登相成候樣御取計可給候大津米御買入之義も段々故障有之總計に而出來兼殊に此災火に付及拂底候間御留守居方よりも被申越賦なから此段も申越候

木場傳內殿

尙々時候無御痛樣御自愛專要奉存候

○一一三

冷氣相募候處寒國之御滯留一涯可難被相凌与奉苦察候上海より御仕出之書面も早速相達忝拜誦仕候御宿元〻は右之御書面相廻し置申候殊に煙台より之御狀も相屆是又忝拜誦仕候彌以御壯剛之段奉雀躍候隨而少弟にも無異義消光仕居候間乍憚御放慮可被下候陳ハ上海より之御書面に而速に天津〻御出懸之都合与相見得候得共爰許に而之噂にては迚も御渡海難相成事与相考居候處早此度は煙台より之御書面にて相驚候仕合に御座候其御地彡開港場与は乍申も不景氣之由何分にも西洋人之所有与可相成模樣歟

与遙察仕候事に御座候魯之兵隊迚ハ迚も屯集之様子は有御座間敷歟牛莊与ハ相變候哉煙台与申所不相分候何そ珍敷事件も御座候は丶爲御知可被下候當地には魯國之公子參り候而段々世話等敷事に御座候貴兄御出立相成候處實に慰度誰も咄相手も無之如何計之御辛勞歟時々考出し候次第に御座候御宿許も皆々樣御壯榮之段近便より承知仕候別紙二通差上申候間御落手可被下候此旨御禮答旁奉得御意候恐々謹言

十月十五日　　西郷吉之助

池上四郎様

○一一四

鹿兒島上之園町
倉内十次郎氏藏

酷署砌御座候得共彌以御堅固可被成御座珍重奉存候隨而少弟此節供奉仰付昨日安着仕候間乍憚御放意可被下候陳者先年亡父拜借金いたし居其後私共にも度々之災難に逢一向御挨拶等も不致其儘打過居候次第何れも申

譯無之仕合亡父に對しても不相濟事に御座候處御承知も被下候半昨年出京仕候處不容易重職を蒙り何れも恐入候次第に御座候就而者過分之重任を受候義も畢竟亡父御懇情を以莫太の金子拜借を得是か爲に多くの子供を生育いたし候故にて全右之御蔭を以闔道を得候次第折々亡父よりも申聞かせ候哉にて何卒御返濟いたし度色々手段を廻し候得共頓と御返辨之道も不相付而已ならす利足さへも纔一年位可差出候而已にて何れも無御申譯仕合に御座候就而者此度歸省に付而者是非亡父之思ひ煩ひ居候義を相觧度念願に御座候間元利相揃差上候こそ相當之譯に御座候得共只今迚も多人數之家內を相拘居候上全無高之事候得者十分之義も不相調候付何卒右邊之處御憐察被下度奉希候右に付而者本金貳百兩之場に數十年之利足相掛候得者過分之金高に及候義に御座候得共右等之處宜敷御汲取被下纔に貳百金丈只利足之心持を以御肴料に差上候付是を以返濟之御引結被下候得者重疊大慶之仕合此事に御座候然者亡父之靈魂を安せしめ申度候付

其節差上置候證文御返し被下候はゝ亡父にも右之首尾相濟候義を申解候方歟と相考候付宜敷御了解被成下候處偏奉希候いつれ參上仕候而得と可申上筈御座候得共纔中兩日之御滯留にて迚も罷出候義不相叶候付以書面申上候間旁御汲取可被下候頓首

六月廿五日　　西郷吉之助

板垣與三次様

○一一五

一兵庫開港之義ハ上　天子より下萬民を欺て外國与約定相結候義萬國普通之條約与難申候付右之譯を以幕府を相責候樣向々及談判候處政府与約定いたし候譯に候得者内輪之混雜は決而外國人之差構事にも無之勿論勅許与申義も相望候事に無之与申募余程幕具有之破談之勢に成立候處得与　日本之情實を申解其上利害得失委敷申聞候處初而會得いたし夫より彼之底意不殘打明候向に而大ニ幕府之失体を申出候場に立到候

而全熟話之都合ニ成行候事に御座候左候而彼等申聞候に者いつれ右之事餘外國人に存いこれ無之候付何方より承候与不申候而者相濟申間敷其節薩摩之名目を出し候而は決而不都合之義も有之候半彼等も出したくは無之与申事故其邊は少しも差障無之薩摩にて承候旨を以幕府ニ相迫候樣申聞候處夫こそ本道之議論与申ものよと大に悅ひ候事に御座候然共直樣突掛候向与は不相見得候へ共幕府之不條理なる次第に候あくみ果候樣子に御座候時機に依ては申立候も不被計候得共極て申立わひ不申聞事に御座候

一兵庫港ニ異船渡來之節勅使を被差向候樣子如何之見込を以相盡候哉与承候付其節は薩摩之人數　勅使之御供に而異船ニ乘込期日を引延し是非諸侯を京師ニ集會し全幕府之手を相離レ　朝廷より之御所置に振替候含にて罷居たる由申聞候處如何之譯に而其策崩候哉与申事故其節幕府より頻に相迫　朝廷より之御所置に相成候而は辭職仕候外無之段申

募終に　勅使を繰止候付皆策致相違建白之書面ゟ相離候故如此疑迷之譯に立到殘念之旨申聞候處實に悅ひ候而彼等も大に殘念かり候事に御座候

一朝廷之御所置ゟ相成候て公卿衆之御談判ゟ相成可申哉是迄政府閣老邊ゎ引合之場如何可致賦歟ゟ承候付其節は　朝廷より五六藩之諸侯に被命專引受兵庫港之運上は朝廷に相納め萬國普通之條約を以相結信義之交其時こそ可相調只今之如き幕吏之賄路〔賂カ〕を貪不廉之次第ゟは大に違ひ外國におひても都合可宜勿論　日本におひては是より相開本道之事に成行可申ゟ決定いたし居候旨申聞候處至極尤之義論ゟ申事に御座候

一右通之次第外國より開立候而者大ひに不都合到來いたし日本之人も不服之譯も出來候半いつれ其邊之處は急速取掛候而は宜間敷候付能々機會を見合是非相盡呉候樣申事に御座候

一三港の稅三部一丈けは是非　天子に相納候樣度々英國より幕府ゎ申立

候趣申聞候左候而大君与相唱候義不相叶　日本におひては両君有之姿に而外國ゟは決而無之事に候いつれ國王唯一之体は不相居候而は相濟間敷与申事故頓与日本人外國之人に對して無面目事与申置候

一日本條約之五ヶ國は諸藩ゟ勝手に相交候儀觸達相成候樣政府ゟ可申立左候へは大に難澁可致事に御座候勿論政府之欺謀は不被行樣成立自然政府之不條理なる義も外國之人可相分間申聞候處大に悦ひ候事に御座候

一江戸ゟ相詰候人に何篤打明相談可致人物は不罷居候歟与相尋候付決而無之段申聞候處何卒慥成人物差出呉候義は相調間敷哉与申事故隨分差出可相成与返答いたし候處合符を渡し是を持參之人なれは不疑与申置候事

大坂より

九月十五日

西郷吉之助

大久保一藏殿

○一一六

乍恐手控書を以て奉内訴候（島民に代り非常船建造に付山林拂下を願ふ書面）

私事不容易一島の頭役をも被仰付大に面目を施し罷在候上家内も難有扶助仕居候仕合に御座候就いて當時倩熟考仕申候處不穩の形勢と被相伺全體狡猾の異人共に御座候へば如何樣の憂到來可致も難計若哉島抔へも亂暴の振舞候ては殘念千萬の至り莫大の御鴻恩忘却の姿に罷成候次第日夜苦心百計手段を盡し居候ても此島人を以て十分に防禦の策有御座間敷いつれなり機に應し奉願候て御手元の御援衞奉仰候外無他事且御城下抔へ異變の事共到來仕候ても我々式如何程志は有之候とも御用に相立候儀も無覺束去迚唯々默止居候筋も無御座譯にて萬慮仕候處當島へ變事有之候歟又近き島地へ同樣の向も御座候はゝ何分早く飛船を以て事の急を御府內へ爲奉告候儀も可有御座歟と奉存候夫而已ならず山川邊へ砲發の機會

も御座候て自然飛船等の御手數にも可被爲及哉と奉思察候に付何卒纔なりとも微力を盡し度山々相考申候處急速飛船等の御仕出罷成候はゝ全く右等の御用に相立候舟迚は差當相備不申候に付是丈なりとも御事闕き不相成樣相備置度痛患の餘り存當り候に付島中へ雜費相掛候ては勞百姓共乍纔も難澁仕候事に御座候間何卒御免被仰付度奉念願候儀に御座候然候へは出來の上自分稼等の運搬決して不仕伊延港へ圍ひ置非常の御備に相調置申度含罷在候間左樣思召被下度奉願候右造方に付ては材木無き場所故互の賣買迚も無御座次第にて必死と迄入候仕合に御座候間至極恐入候へとも御建山の內より相當の代米を以て申受被仰付被下候へば早速造方取掛可申若哉御用事とも相成候はゝ微志の素願も相遂げ難有儀と奉存候左樣御座候て不被爲召遣儀に罷成候得者無此上御大幸の譯に御座候間其節は自分利得共相計候所存にては毛頭無御座候間望の者へ沽却仕申度御座候に付是又被聞召被下度奉存候此等の趣き奉願候間御內意を以て成合

候樣被仰上可被下儀奉願候以上

○一一七

尊翰難有拜誦仕候先以御機嫌能被遊御座恐悅之御義奉存候南島御廻勤も首尾能被爲濟殊難海御安靜之段是亦恐悅至極奉存候御土產之品々難有御禮申上候隨而私事無異義消光罷在申候間乍憚左樣御放念可被成下候河村氏おはるとの幷鉄太郎殿至極之元氣ニ而著涯私方來訪有之候處鉄太郎殿ニハ余程之愛付ニ而是非不歸との事ニ而おはるとのニハ大心配西鄉とのぼんさんに成るとの事ニ而乍漸御列歸ニ而御座候其後私ニも御見舞申上候處鉄太郎殿ニハ留守ニ而得逢取不申候得共皆々御元氣之事ニ御座候間御懸念被成間敷候扨御辭表之義被仰下候間早速相認大山格殿ヘ委細書面を以申遣候處余程不審之樣子ニ御座候間又々押返し書狀差遣し候ヘハ翌朝私宅ヘ可參との事ニ而逢取申候處格州方ヘ御遣之御狀ニハ決而色地も無之私之作意を以格州抔ヘ爲引候賦は疑惑被致候間決而右機之譯ニ而

ハ無之御案内通與右衞門義ハ當時之振合ニハ向兼候故始終引入候事計申居候譯ニ而不平抔懷き候譯合更ニ無之只我身を恥開化之裟裟《ママ》ニハ迚も向達とて自身申居候仕合ニ而何卒いたし引留度賦ニ而我々共ニハ度々申込候得共決而動き不申候故無據右次第ニ而候旨御書添之書面爲見申候處夫ニ而安心いたし然らハ御辭表ハ差出候樣可致との事ニ而受取ニ相成申候此格州之振舞實ニ驚入候仕合錢の金のト申事計全之商人肌合ニ成切り居られ是ニ而向之人之機嫌ニ叶ふ樣ニもてなし彼ニ而も口拴《ママ》ニいたし只自分面計を能いたし候輕薄なものニ陷候故皆〻人望を失し當時ハ盜犬の如クひろ〳〵いたし居られ候体見苦敷次第ニ御座候ケ樣な人と共ニ事を談し候義ハ出來申間敷此度之御辭表ハ御尤千萬之事とて奉存候又も御奉職相成共此度ハ御拯《ママ》相成候義御當然之事と奉存候兵隊中ニ而も近來は余程望を掛兵部卿ニ御選擧相成候へかしと申位ニ御座候處此度ハ頓と人望絶果誰も望を掛候者無之樣罷成申候此一事を以も御推可被下候我は胸中灑々落

々体之者なれハ決而人を恐れ候義ハ無之候得共濁水を飲ミ候ハヽ清水ハ忌れ候義世の中當然と明め居申候何之恐る事も無之氣違ふ事も無御座候間御安心可被成下候將又五月初より又々持病相起幾度操返し灸治いたし候得共一向其驗も不相見候間もふハ不治之症と明め居候處不圖も當月六日

主上より侍醫幷獨逸醫ホフマント申者御遣ニ相成候付療治いたし呉候處肩幷胸抔之痛も少ク相成漸々快方ニ向候次第ニ御座候療醫之見込も膏氣増出いたし血路を塞順環不致候故痛所も出來若脈路を塞キ脈路破候節ハ即チ中風与申ものニ候由いまた器械ハ不相損候故療治之不出來段ニハ至不申候得共余程臟腑も迷惑いたし居候付都而膏氣ヲ拔取不申候而ハ不相濟との事ニ而瀉藥を用ひ一日ニ五六度ツヽもくたし候事ニ候少しも倦之覺無之日々心持宜敷相成申候最早廿日餘ニも相成候得共些も勞れ不申朝暮ハ是非散歩いたし候樣承り候得共小網町ニ而ハ始終相調不申候處青山

之極田舍ニ信吾之屋敷御座候間其宅を借養生中ニ御座候間朝暮ハ駒場野ハ纔四五町も有之候故兎狩いたし候處勝たる散歩ニ相叶洋醫も大ニ悅ひ雨降ニハ劍術をいたし候歟又ハ角力を取候歟何歟右等之力事をいたし候樣申聞候得共是ハ相調不申段相答候へハ獨逸抔ハ劍術を不致者ハ決而無之人の康健を助け候もの故彼國ニ而ハ醫師中ゟ相起り劍術を初め候段申事ニ御座候獨逸之强國たる樣想像被致申候夫故雨中も當社ニ而も其中ニ而散歩いたし候樣承申候間勤て醫師之申如く相勤申候食ハ麥飯を少々ツヽ其外鷄等格別膏之なきものを食用ニいたし成丈米抔ハ勿論五穀ヲ不食樣との事ニ御座候肉ハ却而膏ニハ不相成候由穀物か第一膏而已ニ相成候趣ニ御座候今より二ヶ月も相立候得は必病氣を除き可申と口を極て申居候此度ハ決而全快仕可申候間御安心可被成下候此旨荒々病氣の形行も申上置候

恐々謹言

六月廿九日認

西郷吉之助

椎原與右衛門樣

〇一一八

風俗も一新いたし非違之者無之樣成行候樣盡力いたし候義職務ニおひても不恥場合ニ立至り可申と奉存候然るに大門口幷尾畔下邊等ニおひて藝妓と唱へ候者ハ渾而其實賣婬女ニ而候へハ處刑可有之者共ニ御座候處既ニ默許之姿ニ成行今更刑を被加候義も時機を失し如何共禁止之手段無之候付即今御英斷を以此醜惡御掃蕩不被爲在候而ハ人民品行を愼各其業を勵ミ風俗敦厚ニ趣き候義萬々有之間敷就而ハ他縣より入來居候者ハ得と御諭解有之夫々相當之律可有之事候得共御寛宥被爲在候付是非婦人之職業を相守一家を脩め決而倫理を不亂抔との旨を以本縣へ御差返し相成縣下之者も同樣御諭解相成此上又々律を犯し候而ハ屹度可及處刑旨厚ク御申聞相成候而家族等に被引渡是非悔悟いたし候樣有之度義と奉存候畢竟

賣婬女之世致ニ妨害を成し候義如何計共不被申勿論野蠻之醜体を不被免のみならす産あるものは産を取り産なきものハ終ニ窃盜ニ陷り候事蹟顯然たる次第御座候幾度勘考いたし候而も此醜惡御一洗無之候而ハ人民を惡道ニ導候筋ニ相當り致さる民抔之事ニ無之況乎天理ニおひて可恥次第ニ御座候へハ十分職務を以只此醜惡より生し來候罪科を責め候義不被忍事ニ御座候今や浮薄之俗ニ悉ク陷り候場合ニも不立至候へハ隨分被廢候義も出來安ク候得共今形四五ケ年も經候ハヽ決而着手之道も盡果候時体ニ押移り可申左候へは益禍を後昆ニ殘し且醜聲を流され候場合歟と實ニ遺憾此事ニ御座候尤賣女買込候家主ハ少シハ迷惑可致候得共萬民之爲めニハ難替事候付大小輕重を能々御深察被爲在速ニ廢絕之御命令有之度義と奉存候若し此儀遷延いたし候而ハ百端苦情も相起可申義ニ御座候間何分ニも早ク御一掃被爲在其後賣婬女之律を御確定相成候得は屹度相止候樣十分相盡し可申義と一同申談此段申立候也

〇一一九

岸良眞二郎ゟ之質問

一事ニ臨猶豫孤疑して果斷の出來さるハ畢竟憂國之志情薄く事の輕重時勢ニ暗く且愛情ニ牽さるゝニよるへし眞ニ憂國之志相貫居候へハ決斷は依て出ものと奉存候如何之ものニ御座候哉

一何事も至誠をいたし候へハ如勇智ハ其中ニ可有之と奉存候奉存候平日別段ニ可養ものニ御座候哉

一事の勢と機會を察するニハ如何着目仕可然ものニ御座候哉

一思設さる事變ニ臨一點動搖せさる膽力を養ニハ如何目的相定何より入て可然ものニ御座候哉

一猶豫孤疑は第一の毒病ニて害をなすこと甚多く何そ憂國志情の厚薄に關かんや義を以て事を斷すれハ其宜にかのふへし何そ孤疑を容るゝ暇あらんや孤疑猶豫ハ義心の不足より發するものなり

一至誠の域は先ツ愼獨より手を下すへし間居卽ち愼獨の場所なり小人ハ此處萬惡の淵藪なれハ放肆柔惰の念慮起さゝるを愼獨とハ云ふなり是善惡の分る處なり心を用ゆへし古人云ふ主靜立人極と是其至誠の地位なれハ不愼へけんや人極を立さるへけんや

一知と能とは天然固有のものなれハ無知之知不慮而知無能之能不學而能す是何物そや其惟心之所爲にあらすや心明なれハ知又明なる處ニ發すへし

一勇は必す養ふ處あるへく孟子云はすや浩然之氣を養ふと此氣養はすんはあるへか〔ら脱カ〕す

一事の上には必す理と勢との二ツあるへし歴史の上にてハ能見分つへけれとも現事にかゝりてハ甚見分かたし理勢は是非離れさるものなれハ能々心を用ゆへし譬へは賊ありて討つへきの罪あるは其理なれハなり規模術畧吾胸中ニ定りて是を發するとき千仭に座而圓石を轉するか如

きは其勢といふへし事ニ關かるものハ理勢を知らすんハあるへからす只勢ひのミを知て事を爲すものハ必す術に陷るへし又理のミを以爲すものハ事にゆきあたりて迫るへしいつれ當理而後進審勢而後動ものニあらすんハ理勢を知ものと云ふへからす

一事の上にて機會といふへきもの二ツあり僥倖の機會あり又設け起す機會あり大丈夫僥倖を頼むへからす大事ニ臨てハ是非機會は引起さすんハあるへからす英雄のなしたる事を見るへし設け起たる機會は跡より見る時は僥倖のやうに見ゆ氣を付くへき所なり

一變事俄に到來し動搖せす從容其變に應するものハ事の起らさる今日に定まらすんはあるへからす變起らハ只それに應するのミなり古人曰大丈夫胸中灑々落々如光風齊《マヽ》月任其自然何有一毫之動心哉ト是卽ち標的なり如此体のもの何そ動搖すへきあらんや

冷氣相募候處益御勇健可被成御坐恐悦之御儀奉存候陳ハ
從四位樣益御機嫌能被遊御座恐悦之御儀奉存候扨御家族樣方御登京之一
條に付ては御配慮被成御座御仕組之儀も水泡と相成候由實に致方無之次
第驚入候仕合に御座候就而ハ當地おひて爲相運候手段無御座候而ハ迚も
御盡力被成下候道ハ有之間敷得と愚考仕候處いまた　朝廷よりは御家族
樣方之儀ハ何たる御沙汰も無之候付いつれ當月中にハ御出掛相成候ハヽ
自然東京御住居と申儀相發し候半其機會に乘し御歸國之思食と被相伺申
候就而ハ其節に至り御家族樣方御登り之義も不相伺候而ハ又々失策も出
來候半歟と只心痛而已に而頓と手も出兼候付先ッ右之手段に橋口氏と談
合いたし置候間左樣御含置可被下候餘程御徒然御摸樣と被相伺御案勞被
成御坐候由苦々敷次第ニ御座候御苦察可被下候
一此節門松等之持參御座候由にて御取調之諸帳面拜見仕候處色々考付之
廉々有之伊地知氏と相談仕兩人之見込を以張紙いたし差返上申候付今一

往御評議被成下度殊に御國内之人民ゟ御貸付金と申は全体御救助之爲に御坐候處只帳面之上に而ハ事情分兼候付一般之貸金と見成し直樣引揚候樣共相成候而ハ甚難澁之次第も可有御坐是迄之通總計之返上にて年限も不相立候而ハ不濟勢ひも御坐候半藩に外國等ゟ夥多之借財仕出し居對州邊ハ百萬兩餘之外國ゟハ借居返濟之道更に無之直樣より
朝廷之御難題と相成居御仕合にて外藩にもいまた屆出不申由御坐候得共追々過分之ものと被相聞申候右等之次第にて藩々におひても實に可驚所行多く只大藏省ハ借財引受而已と申場合に成行申候へハ大ニ貸付と申儀にハ目の付安場合も有之御國元に而は帳面之上に而も其區別も可有御坐と奉存候間成丈諸士幷諸浦々等之御貸付ハ見事に被下切等之御計相成候方可宜哉と談合仕其上縣と相成候付而ハ只威令を以所置いたし候譯にも不參漸々被成にくき場合に移行候半歟と愚考仕候間其邊之處後來之御目的被爲在候方當時之御方略歟と奉存候是迄之如く段々拜借等之願ハ出

來兼候事と奉存候間返上之考を以産業に振向一向相勵候樣御説諭被爲在
被下切等之御計相成候方御當然之事歟と相考申候間宜敷御吟味被成下度
奉存候伊地知氏之張紙ニ尙又私之註解を以申上置候に付委敷御取調被成
下度若哉間違有之儀も御坐候半歟と相考候得共太意右等之勘定に御坐候
間御用捨可被成下候此旨荒々奉得御意候恐々謹言

九月廿八日　　　　　　　　　　　　　　　　西郷吉之助

桂　四　郎樣

尙々時分折角無御痛樣御自愛被成下度奉祈候勝房州も出掛候得共是以
縣内之情實も有之此期に至官人ニ出拔候而ハ是迄恭順を以激徒を挫付
居候廉も不相立難澁之趣と相見得私にも屢危を免がれ御互に不思議之
ものとと相考居候得共今更跡の事共考出候得は早其節ニ斃居候方ましと
存候位に而御座候時ゝハ私に爲左思ふそと被相咄申候彼之心中此一言
に而も餘ハ被相察申候

追啓上

副城公如何之御機嫌に御坐候哉と乍恐案勞仕居申候此度之一粒丸も適中ハ無覺束御坐候半歟〻御一左右を而已相待居申候誠ニ事ニ付被成にくき御場合〻乍毎御無理千萬御互に娑婆之難儀御引受に御坐候半再生之時ハ必美婦美食をいたし玉堂に安座可致〻只先之世を樂ミ相考候外更に餘念無御座候

〇一二一

一拘地高他郷ゟ相掛所持いたし居候分ハ其土地之士族ゟ賣渡候樣御達相成居候得共此節廢藩に付而は是迄之通被召置候而宜敷ハ有御座間敷哉乍然四丁限之御制度ハ御立置不相成候而ハ又々兼幷之憂相生し後害不少事候付是非定限有之度事に候

一給地高之內依科御取揚相成候高秩幷門閥之內より差上相成候秩も夫形被召置候て都而御藏入同樣之振合に可相成候付持高三拾石以下之者ゟ申受被仰付候て一段著相付可申事に御坐候

一無祿之士族數多有之候付廢藩に付而ハ生計之道を失ひ候心持に相成案勞可致事候間急速御手不相付候而ハ不被爲濟候付持高三拾石以下之者江ハ現米六石宛を以御救助被成下候方宜敷ハ有之間敷哉譬へは持高拾石致所持候分ハ所務差引いたし六石之割合に相成候樣御宛行相立候て格別難澁も有之間敷乍然三拾石を目的にいたし候て八石位なれハ相當可致賦に御坐候いつれ御調不相成候而ハ御見居付兼候半何分にも差向之御急務と奉存候

一帖佐與御藏入高之儀舊幕以來御屆外相成居候へ共此期に至候而ハ何とか名目不取定候而ハ難相濟候付數万之士族御扶助方不被爲行屆無祿之窮士數多有之候付新田等相開右之餘勢を以相救ひ漸く飢渴に至らしめす往々ハ開拓之冗費補立無祿之士族江割當へ候見込を以趣法相立置候得共此節廢藩に付而ハ右取計方全絶果候處無祿之窮士は空敷路頭に立候爲体可罷成事と安堵致兼候趣を以當分救助に被差出置候員數何程と

相記無祿之窮士に御配分相成候救助米悉御振向相成候て本文御居に洩居候廉も相立のミならす卽今救助之道も相備旁可宜儀と奉存候右に而御決議相成候て直樣

朝廷に御伺不相成候而ハ難相濟候付夥多之士族を養扶助不行屆疲勞いたし候事候へハ是迄救助に設置候趣意相貫祿高に加入いたし候樣被仰付度段先して御願相成候方御上策歟と奉存候

一琉球幷島々御所分之儀ハいつれ一般之御沙汰有之迄ハ今通之御扱に而可然事と奉存候

〇一二二

冷氣相募候得共彌以御賢愛被成御坐候段恐悅奉存候隨而少弟無異議消光罷在申候間乍憚御放慮可被下候陳ハ吉井等先月廿一日着船いたし近來之光景細大承知仕候人氣も餘程宜敷日々御政業相進候趣恐悅之至ニ御坐候爰許にても段々評議有之來年外國交際改正之期限ニ相成候而迚も十分之

交際不相調外國同様之分に相成候へハ互之婚姻を免し何方に而も自由居住を爲致或ハ遊歩も定限なく自在にいたし候様無之候而ハ不相濟由にて改正之期限を五年位に相延其内國内の事業を振起民法ハ勿論宜敎之道も行屆候上ならては不相濟事故期限之間に確定爲致候賦に相決各省よりも人數被差遣使節同伴に而參り誠に賑々敷事に御坐候其内ハ先ツ廢藩之始末を付候而已に而決而外に手を出さゝる賦に御治定相成申候夫迄之處難澁之留守番にて苦心此事に御坐候御悲察可被下候

一私より差上候書面何比之もの歟ハ不相分候得共木戸を一人主宰に居へ其外皆々手足と相成可致盡力との議相定候節申上越候趣と相見得初ハ桑名藩諸生より相洩候由諸國江寫取相廻候趣に御座候推察仕候處右之書面外江出候譯ハ決而無之他國諸生抔江爲御見被成候譯ハ萬々有之間敷誰そ其趣意を洩し候もの有之候半夫を例之いちゝ等之奸知もの又々作文いたし吹聽之ものと相考申候間何卒御用心可被成下候桂四郎様西郷吉之助と

之書狀天下中を相廻居候由に御座候何歟邪魔を成し度見込と相見得申候此度ハ餘程降伏之由御坐候間もふハ右之手紙も相止め可申歟何分にも自分ニ出懸候賦に御座候へハ欲心ハ迚も止ミ申間敷と奉存候此旨乍略儀時候御尋旁奉得御意候恐惶謹言

十一月三日　　　　　　　　　　西郷吉之助

桂　四　郎様

○一二三

昨朝橋口氏より

御辭位一條承知仕候處無位之御方と被爲成殊に藩知事之御職掌にさへも御差障相成候故臣下より御進可申上筋に無之と御決議相成候由何とも嘆息之仕合に御坐候全老婆論とも可申哉度々御辭位相成候上終に先公ゟ御褒賞を被爲讓候御美意後世に渉大龜鑑とも可申其美志を奉補候儀臣子之分と奉存候殊於

朝廷も其御孝心を被感御贈位相運候上又々御昇位相成候而ハ御赤心は消
絶候而已ならす却而望を厚く被爲掛候場合とも相成可申天下之人におひて
ハ必御赤心之處ハ不相分候而形チニ顯候處を以議論ハ相立可申左候得は
當分被差出置候兵隊ハ全我体を居付口を開して官吏之驕奢の《さ》矯め候心底
に御座候處却而君公之上に論を受候樣之事にてハヶ程迄相勤厚く思込候
儀ハ水之泡とも相成可申哉いつれ成兵隊之誠心も御憐み被下折角實意貫徹
いたし候樣御仕向被成下度儀と朝暮相祈居候事に御座候右に付而者御賞
典之儀を下より奉願候儀實ニ恐入候次第に而御座候處微孝之一端を御汲扱
被下置先公ゑ御贈位被成下候儀千萬難有次第に御座候然處又々御昇位相
成候而ハ朝廷を輕しめ候而已ならす却而望を重く相掛候場合に押移願意
赤心ハ水泡と相成候譯にて多罪に陷候間御賞典御引替被下置候廉確然相
立候儀との趣御實意を以御申立相成候ハヽ決而藩知事之御職掌に差障出
來候譯更に無之事と奉存候右樣之厚御心術兵隊中拜聽仕候へハ一涯相勵

可申不被爲止御實意を以兵隊を皷舞せしめされは外に手段ハ有御座間敷只今勉勵之兵隊に目の眞を入候處此處歟と奉存候左候へハ格別之朝廷御爲と相考候付辯論を不顧又々献言仕候大綱之條目若哉御失体相成候而ハ再取返しハ出來不申候付能々御深察可被下候謹言

十二月廿九日　　西郷吉之助

桂四郎樣

御侍史

○一二四

朝暮秋氣相催し彌以御壯榮可被成御座恐悅之御儀奉存候陳ハ天下之形勢餘程進歩いたし是迄因循之藩々却而奮勵いたし尾張を始阿州因州等之五六藩及建言大同小異ハ有之候得共太体郡縣之趣意日々御催促申上候位殊に中國邊より以東は太体郡縣之体載に倣候模樣に成立既に長州侯は知事職を被辭庶人と可被爲成思食に而御草稿迄も出來居候由御坐候封土返献天下に魁たる四藩其

實蹟不相擧候而ハ大に天下の嘲笑を蒙り候而已ならす全奉欺朝廷候場合に成立天下一般歸着する所を不知有志之者ハ紛紜議論相起候上外國人よりも

天子之威權は不相立國柄に而政府と云ふもの國々四方に有之抔と申觸し頓と國体不相立旨申述候由當時は萬國に對立し氣運開立候而ハ迚も勢ひ難防次第に御座候間斷然公議を以郡縣之制度に被復候事に相成命令を被下候時機にて御互に數百年來之御鴻恩私情におひて難忍事御座候得共天下一般如此世運と相成如何申ても十年ハ防かれ申間敷此運轉ハ人力之不及處と奉存候此際に乘し封土返献之魁よりして天下一般之着眼と相成候上ハ色々議論相立候而ハ是迄勤王之爲に幕府を掃蕩被遊候御趣意も不相貫殊に賴朝以來私有之權を御一洗被爲在候御功蹟を難相立事候得は決而異議ハ有之間敷候得共舊習一時に散し候事に候得は依事は異變無之共難申國々も不相知候付朝廷におひてハ戰を以被決候付確乎として御動搖不被

爲在候間夫丈ヶハ御安心可被下候此運に當り私有すへき譯無之事候間太体變動之模様も相見得不申候得共此末所置を間違候ハヽ如何之變態に推移候哉も難計事と奉存候此旨乍大略形行如此御座候尚追々可申上候得共甚急ヶ敷一筆奉得御意候恐惶謹言

七月廿日　　西郷吉之助

桂　四郎様

〇一二五

芳翰難有拜誦仕候追日暖和相向先以御壯榮可被成御座奉恐賀候隨而卑僕無異儀送光罷在候付乍憚御放慮可被成下候陳ハ御免職之儀モ直樣大藏省ヘ申入候處宮崎縣令ヘ被仰付候樣福山氏より歎願御座候由にて松方より承候付其義は何とも難申候付福山氏より一往掛合候上都合可被成下段申入置福山氏ヘ逢候間私考には宮崎縣は宜有之間敷松方氏より承候へは先鹿兒島ヘは手を付不申候而十分宮崎を打起し是より鹿兒島ヘ及し候御内決之由左候へは他國之人を以御仕向有之候方可宜畢竟都之城縣內におひ

て十分大藏省規則に依り立直され候處其儀却而鹿兒島縣之氣障りと相成全然惡說を喝られ私にも不快之仕合御座候故又々初手之策と相成候ハヽ直樣惡ミを受候儀案中之事候間宮崎縣被相居候處不宜段申述置候得共委敷參候上得と談合も可致との事に候乍然いまた面會も不仕候間左樣御含可被下候大山氏一階を被進候義餘程巧ミ有之向に被相聞可申候奈良參事に相居候含に御座候乍然此策ハ相調申間敷只勢を振ひ候賦か又奧深相考候へは縣廳之權威を以人數を纒め一仕事を巧候哉不相分候諸方ゟ引張候と相見得四方之人心を動し立可申候加州抔ハ內田氏と引合前以よりいたし置候事と相見得追々人數出掛申候政府を扂と歟私を暗殺可致と歟段々と俗說ハ有之候得共いまた取止候事も無之ホリスは皆探索として忍入候故少し動立候ハヽ決而油斷は有之間敷昔之考にて事を企候共十分之策は出來申間敷と相考可申候大山氏には始終逃を取り何も不構振ひにて用意はいたし居られ候鹽梅に御座候處先日兵隊中より大山氏奈良原氏同席に

而至極責付られ無致方被差下候都合に相成申候若此上異論いたし候者有之候はヽ兵隊中にて處置可致候付可爲相知道を蹈穏に相掛不罷下坏之説を起し候はヽ直様可打臥決議に有之候由夫故相驚候様子にて罷下候都合にて大慶之事に御坐候乍此上切合等相始候ハヽ赤面之上之赤面に御座候處幸之始末に御座候御悦可被下候此度は全私にハ不相知せとの事に而取計候得共怨は其人に歸し可申事とのかれぬものに自然明め居申候

此旨荒々奉得御意候恐惶謹言

五月十七日　　西郷吉之助

桂四郎様

尚々御注文之書物ハ岡部與兵衛先日罷下候付彼者江相頼差上置候間相届候半と奉存候若不達候ハヽ大阪ニ而少々相滯候事と相考申候付不遠内には相届可申義と奉存候何に而も御注文之節ハ御申遣可被下候

連日戰居候二隊爲休息只今歸陣仕候今朝掛之合戰ハ餘程難義いたし候得共悉ク打挫淀城迄追詰候處賊兵より橋を絶淀之城中ゟ仁和寺宮へ歎願之趣有之城へハ炮丸打込不申町家之賊巣を燒落堤江ハ番兵を殘し置外休息爲致候間右之形行ハ御申出置被下度奉合掌候頓首

正月五日　　吉之助

佐次右衞門樣

〇一二七

二城之義ハ昨日明渡相成候由ニ而今日ハ尾藩より器械取調可申上段御達相成居候由御座候付二條城ゟ相受取候筋歟又ハ尾藩ゟ取揃差送候譯歟いつれ明渡相成候ハヽ二條城ハ誰歟御預りニ而も有之そふなものと相考申候ニ付大之方ゟ引渡可相成筋と奉存候何分表通高野江差送候樣御達相成との事ニ御座候間左樣御含可被成候此旨又々奉得尊意候頓首

正月六日　　吉之助

○一二八

彌御安泰被成御座珍重奉存候然者分而御泊合申上度儀有之候今朝下坂仕候御都合ニ依何レ之御旅亭ニ參上仕候而宜哉刻限何頃御手透之譯何卒乍御面倒御示　被成下度奉願候此旨奉得貴意候以上

九月十一日　　　　　　　　　　　　　　　　　　　　　　　薩藩　大島吉之助

勝安房守樣
御取次衆

○一二九

今般以御英斷王政復古之御基礎被召立度御發表に付ては必ず一混亂を生じ候やも難奉圖候得共二百有餘年太平の舊習に汚染仕候人心ニ御座候へば一たび干戈を動し候て反て天下の耳目を一新し中原を定められ候御盛擧と可相成候へば戰を決し候て死中活を得るの御著眼最も急務と奉存候乍併戰は好で不可成事は大條理上に於て不可動者に可有御座候然るに無

事にして朝廷上の御盡力貫徹太政官三職の公論を以て大政を議せられ候日に至り候ては戰よりも亦難とすべく古より創業守成の難易議論定め難く俊傑の士に於ても後世識者の評を免れ不申候況んや衰態の今日に於てをや詳考深慮御初政の一介を御誤り不相成候儀第一の事に奉存候就ては德川家御處置振の一重事大略の御內定奉伺候處尾越をして直に反正謝罪の道を爲立候樣御內諭を以て周旋を命せられ候儀實に至當且寬仁の御趣意奉感服候全體皇國今日の危に至候事大罪の幕に歸するは論を待ずして明なる次第にて既に先々月十三日云々御確斷の祕物の御條迄被爲及候御事に御座候此末の處如何樣の論相起り候とも諸侯に列し官位一等を降し領地返上闕下に罪を奉謝候塲合に不至候てハ於公論相背き天下人心固より承伏可仕道理無御座候間右之御內議は斷乎として寸分も御動搖不被爲在尾越の周旋若し不被行候節は朝廷寬大の御趣意を奉せず公論に反し眞の反正ならざるもの顯然に候へば早々朝命斷然右之通り御沙汰可相成儀

と奉存候右御定議より下ての御處置振は公論條理上に於て更に有御座間敷若寛大の名被爲付御處置其當を被失候へば御初政に條理公論を御破り相成候筋にて朝權不相振は論する迄も無之必ず昔日の大患を生じ候儀相違無御座候若し御趣意通り眞の反正を以て實行擧り謝罪の道相立候上は無御顧念御採用可相成事は勿論に御座候前條御尋問に預り尙ほ修理大夫趣意を奉し評議の形行奉申上候一點の私心を以て大事を不可論は兼て奉言上候通りにて候間宜敷御熟考外三卿へ御斷決被爲在候樣御示談千祈萬禱仕候頓首謹言

十二月八日

岩下佐次右衛門

西郷吉之助

大久保一藏

岩倉具視樣

〇一三〇

良久敷不得御音信候得共彌以御壯剛之段ハ歸朝之諸君ゟ傳承仕雀躍此事ニ御座候隨而小弟ニも無異義消光罷在候付乍憚御放慮可成下候陳者先度御注文之書類アメリカ之方ニ便宜有之候故市來宗助より差上可申旨彼方ニ差遣候處疾相屆候半と奉存候此度ハ陸軍省ゟ益滿君御航來相成候間任便宜御安否御尋旁一筆呈上致候當地之形勢細大御聞取可被下候西洋之風ハ日々盛ニ被相行候得共皆皮膚之間而已ニ而髓腦ニ不至口ニハ文明を唱へ候得共所業ハ全ク懶惰ニて歎息之次第ニ御座候人氣ハ漸々弱ク相成此末如何成行候もの哉と歸する所ヲ不知候御遠察可被下候書餘益滿君ニ讓り省略候恐惶謹言

九月廿二日

西鄕吉之助

寺田平之進樣

○一三一

御一別以來御左右も不承候付折々御察し申上居候處御狀到來いたし忙敷

開封仕候處寫眞御惠投被成下得と拜見仕候處至極御壯健之御樣子雀躍此事ニ御座候隨而小弟ニも碌々消光罷在候間乍憚御放慮可被成下候陳者五月末ゟ
主上西國御巡幸被爲在至極御輕裝ニ而是より伊勢へ御參宮可か御始りニ而順々軍艦より御廻り相成候處人氣競立難有次第ニ御座候不殘學校に
御臨幸相成御賞譽又ハ御譴責相成候處も有之候付一涯勉勵之樣子ニ相聞得申候餘程　主上之御爲ニも相成候事ニ御座候野生ニも供奉被仰付都而相廻候處諸所至極難有かり下之關ニ而ハ石州濱田縣近來稀成大地震有之候處參事被　召呼具ニ震災之次第御聞取相成候上　御前ニ於テ直樣不取敢三千金を救民之災難ヲ爲御撫恤下し賜り候處案外之仕合ニ而參事ハ感激之餘り落涙して　御前に打臥頭ハ一向ニ不擧側ニ相逢者迄も落涙不致もの無之次第ニ御座候此等か　御巡幸中之　御巡幸等敷事共ニ而御座候然處濱田之人民聞傳へ夜白ニ掛テ下之關迄出掛候而奉拜候次第實ニ殊勝

之體ニ御座候此旨御禮答迄荒々如此御座候折角御加養奉祈候恐惶謹言

八月十日　西郷吉之助

寺田弘様

追啓御宿許御狀ハ直様便宜有之早速差送申候御注文之書物此節岸良七之丞殿司法省ゟ洋行ニ付得幸便候間差上申候付御落手可被下候何も御入用之品ハ無御遠慮御申越可被下候

〇一三二

先日御問合被成下候軍艦之義能都合之由米國之艦三艘長崎に滯在いたし居候ニ付右を賣渡可申趣ヽ相見得候ニ付早々御手を被　付被下度奉合掌候何分急速不相調候而ハ東伐之都合出來兼候付早々打破申度只今關東ニおひてハ議論紛々之由御坐候付能機會ヽ相考居申候甲鐵船之義五代へ委敷相含置候付是か相調候へハ一艘ニて過分之事ニ御坐候ニ付宜敷御相談

被成下度御願申上候迚も此船ハ手ニ入候義無覺束候哉何分模樣爲御知被下度奉希候今日英醫も著京相成直樣太守樣旅館迄御見舞御挨拶被仰下其上手負人之療治宜敷相賴との旨親敷御賴被下手負人中も是程御手厚被成下候義冥加之至可申と一同競立皆々安堵して戰を甘し候譯ニ相成大慶此事ニ御坐候　朝廷も英人入京之義ハ直樣御許容相成候上都合ニ而是又大幸之事ニ御座候此旨奉得尊意候恐々謹言

正月廿五日　　　西鄕吉之助

岩下佐次右衛門樣御待史

〇一三三

秋冷相催候處愈以御壯剛奉慶賀候隨て小弟にも無異罷在當分は宿替にて獨居いたし間々夢中には貴丈に御逢申上候偖大變到來仕誠に紅涙にまみれ心氣絶々に罷成悲憤の情御察可被下候もふは御聞及之筈と奉存候先々

月晦日より太守様俄に御病氣不一通御煩大小用さへ御床の内にて御寢も不被爲成先年の御煩の様に相成模様にて至極御世話被遊候儀に御座候若殿様には去二十三日晝九ッ時より御瀉しにて晝の内十二度夜二十五度位の儀にて八つ時分終に御卒去被遊候段我々式は翌朝承候位にて残念如何とも申様のあるものにて無御座候思へば〳〵髮冠を突候　太守様にも至極に御氣張被遊候様子と被伺申候又此上御煩重候ては誠に暗の世の中に罷成候儀と只身の置處を不知候只今致方無御座目黒の不動へ參詣致命に替て祈願をこらし晝夜祈入事に御座候處イヅレナリ奸女をタヲシ候外無望時と伺居申候御存の通り身命なき下拙に御座候得ば死する事は塵埃の如く明日を頼まぬ様に御座候間イヅレナリ死の妙所を得て天に飛揚致御國家の災難を除き申度儀と堪兼候處より相考居候儀に御座候心中御察可被下候實に紙上に向て此若殿様の御儀申述難く筆より先に涙に相くれ細事に不能及候眼前奉拜候故尚更難忍只生て在るウチの難儀サ却て生を怨

み候胸に相成憤怒にコガサレ申候恐惶謹言

西郷吉兵衛

福山矢三太様

○一三四

四五日ハ不埒いたし狩ニ參居候處御手紙被下候由何卒御仁免可被下候陳ハ伐木之義今朝より參朝仕候間談し掛候處早東京府より段々數所ニ有之候旨申出被成候由乍然大山を申所ニ過分之立木有之六郷川を下し條へハ譯もなく相達可申候付其段ハ信吾ニ打合置候旨大隈より承候間只今より大山迄伐取方差遣夫より川下相成候而ハ急速之間ニ不合候付東京中ニて伐取候方可宜旨申述候へ共一向承知之模樣も無之候故落札之者も山床所持之向ニ而ハ無之由ニ候へハ尙更遲引可相成旨少し匂せ候處早くも悟り候筋ニ相見得直樣轉して御急之筋ニ相決し今日ハ大藏ニ御達し相成賦ニ御坐候間今日不相下候ハヽ明日ハ決而可相下と奉存候付御安心可被下候此度乍

略義以書中奉得御意候頓首

二月八日　　西郷

今　井様 要詞

○一三五

客月十一日付之御懇札同廿三日朝相届き難有拝讀仕候處御馴々敷操返し巻き返して吉之助か斯罷成候形行を決而不申上考ニ御坐候得共如何樣之御疑惑も難計御安心之被成兼候御事歟と無據も委細を申上候間左樣御承知可被下候嶋元ゟ相考候よりは雲泥之違にて御府内都而制據之勢に相成居り頓と致候樣も無之もよふゆへ暫之間觀察仕候姿にて事々物々無暗之事而已出候て政府ハ勿論諸官府一同疑惑いたし爲す處を不知勢ニ成立ヶ樣之事ハ是て引結め此處て成るものとゆふ事ハ全く不知甚たしきハ能く向けても所置ニ至て疎く俗人の笑ふ事多く君子之賦リニ候得共爲す處至て賤しき手而已相見得君子之所行ニ無之候所謂誠忠派と唱へ候人々ハ是ま

て行届き居り候ものゝ伸ひ候而只々上氣ニ相成リ先ッ一口ニ申せは世の中ニ酔候鹽梅ニ逆上いたし候もよふにて口ニ勤王とさへ唱へ候得は忠良之ものと心得さらは勤王ハ當時いづれの處ニ手を付候得は勤王ニ罷成候哉其道筋を問詰め候得は譯も分らぬ事にて國家之大体さへケ様之ものと明らめも不出來日本之大体ハ爰ニゆふ事全く存知無之形勢も不存諸國之事情も更らニ弁へも無之そふして天下之事を盡そふとは實ニ目くらの蛇おぢすとゆふものニて仕方もなき儀ニ御座候然る處多年順聖公之被召仕候との趣世ニ相響き居り此ものか歸りたら決而事柄も變ろふとあてニ相成候鹽梅にてものハ博奕も打たれ候向き無之是不幸中之不幸ニ御座候餘りニ高く直段を付けられ込り切りたる事ニ成立候實ニ仕方もなき事ニ御座候ゆへ一日出勤先ても直様足の痛みニて引き入り夫より湯治ニ差越し何様之事にても足引上け不申考ニて隱遁之賦りニ御座候處諸國ゟ有志のものども御國元之爲めニ參り吉之助ニハ湯治留守中ニ御座候處罷歸り

承り候得は右之次第にて一夕ハ大久保も參り實ニ心配致し居り彌變を生し候との趣き承り候ゆへ不得止出足仕候事ニ御座・《候脫カ》是より先き御國家之人心不平にては治も變も出來不申尤君子之爭ひ大幸ニてハ無之是非共良全之策を相立度久留米ニおひても君子之爭ひよりして混雜ニおよひ申候前車之覆轍も有之候間是非一致して御國中勤王ニ相成候樣ニ被成度と此儀を吉之助か頻りニ切論に及候處是か畢竟一番惡事と相成申候村田新八同道にて下ノ關へ參る考にて云々飯塚ニ於て森山新藏方ゟ差立候飛脚ニ逢ひ早々下之關へ指急き候との趣きニ有之又々相急ぎ候處三月廿二日朝白石方へ參着申候處豊後岡藩のもの貳拾人參會致居卒度面會致し候右之人數ハ直樣大阪へ出船有之候新藏にも船之手當てを致し居り已ニ出船之處へ參り付け跡へ一封相殘其書方出船にて同廿六日大阪へ着致候處宿屋へも難相付新藏之案内を以て加藤十兵衛方へ相付き潜匿致し居候次第ニ御座候大阪ニ出候處諸方之浪人共都而堀之計にい《マヽ》せ以て御屋敷へ御潜めニ相成

り居り候關にて筑前の浪人平野次郎と申もの此以前月照和尚之供を致し御國元へ參り臨終之時にも同敷罷在候人にて夫より方々へ徘徊いたし周旋奔走勤王之爲めニ盡力致し艱難辛苦を經候人ニ御座候右之もの至極決心致し居り候ゆへ又其方と死を共に可致我等ニ相成候いづれ決策相立候ハヽ共に戰死可致と申置候勿論皆共死地之兵にて生國を捨て父母妻子ニ離れ泉公の御大志ニ被爲在候段奉慕出掛け候ニ付都而ヶ樣ニ申候而ハ吉之助か自眉之樣ニ御座候得は全く以て吉之助を相手ニ致し來る趣き死地ニ不入候而は死地之兵を扱ふ事出來申間敷何分諸方之有志は大阪にて都而吉之助ゟ引きしめ置候處有村俊齊阿久根ゟ極々急きにて云々大咎ニ相成申候右咎之趣きハ四ヶ條ニて○浪人共と與合決策相立候一條○年若之もの共尻押を致候二條御滯京を相計らい候三條關ゟ大阪へ飛ひ出し候四條ニて吉之助儀は一向ニ胸ニ落ち不申候大阪ニてハ加藤之處へ潛匿致伏見ニてハ御假屋へ潛み居候事ニて京師へも出掛け不申候其上大阪ニおひ

て面會之人々ハ僅之もゝのにて右樣之儀相計らい候人へも逢ひ不申堀次郞之
咄ニいづれ此節京都御滯ニて御盡し不被遊候てハ不相濟關東へ御下り相成
候而何にも不相成との咄ハ承り申候全く御滯京を計らい候覺へ無之候浪
人共ハ始終吉之助方ニて押付居り候而動かし不申又年若之ものともは尻
押處之事ニ無之始終吉之助へケ樣ニ言聞せてくれケ樣ニ致してハならぬ
からせぬよふニ申聞せて呉よと被賴始終心付け置き申候先生方之人々ハ
十分ニ才衆ニさへも立兼候儀身搆へ而已ニて僞謀を以て致し被居候事共
ニて御座候長州へハ朝庭の御取扱諸藩ニハ格別之御譯合も有之當時一向
御賴みニ相成候譯ゆへ主上御直筆を以て御書き取り相下り申候右はケ條
書を以て已上のものともニ皇朝の御爲ニ盡し候儀にて誠忠を旌表いたし
候樣ニ堂上方を御始め有志の諸侯方も一向皇國之御爲めニ被盡候處都而
御打込みニ相成候間本々之通りニ被復右の取扱ハ致候役人誅罰致候樣又
右之勅命通りニ不應候ハヽ、有志の諸侯を京師へ被召違勅の罪可正候間其通り可被成哉否可申出との趣き拾五ヶ條も有之候由森山と吉之助は丁度其折ニ眼病相煩ひ養生之爲ニ上陸いたし居り候處及自刃候段承り驚き候次第ニ御座候云々吉之助儀ハ元來負嫌ニハ有之候得共片晶なとを致す如き不所存なるものニハ決而無之候處中山奸謀を以て左州一列ニ結合候て事を謀ると申成し其罪を以て被落申候實ニ殘念至極ニ御座候此度勅使御下向ニ付而は餘之儀にも有之間敷勿論大原三位公と申せば聞ゆる慷慨家ニて如何樣之御議論出候も難計もしや幕ニおひて猶豫致す儀も有之候ハヽ益々憤言出候儀相違有之間敷とても黃金ともにてハ打付け被申間敷彌勅之通りニ相調ひ候得は御國家ニおひても御大幸泉公も御大功にて此上もなき御事ニ御座候幕役人は中々一と通り之すれものにてハ手も突掛けられ候丈けニ無之いまた幕情を御不案内の事ニ御座候間鳥渡した事ニ御乘り被成候も直ニ突込み夫より見こなし候間一藩之力にて平押しニ押候而は弱り居り候幕にもせよ些と六ヶ敷此方之御勢い御扱次第にて勅の立と立

たぬとニ有之譯ニ御座候餘ほと幕府ニおひて六ヶ敷申立候との評判ニて御座候如何被成候ものニ御座候哉今ともはもふ相分り居候半遠海之事ゆへ全く通じ不申殘情此事ニ御座候吉之助も大島へ罷在候節は今日々々と相紛居り候ゆへ肝癪も起り一日々々苦ニ有之候處此度ハ徳之島ゟ二度び出て不申と明らめ候處何にも苦ニする事無之安心致ものニ御座候もしや乱にも相成候ハヽ其節は可被登候得共平常ニ候ハヽ譬へ御赦免を蒙り候ても朋友も今は悉く被殺何を頼みニ可致哉老祖母壹人有之是計りが氣掛りニ相成り居候處大嶋ゟ罷登り候節までは存命致居候て滿悦致候ニ付もふハ心掛りも無之罷登り候而より死亡仕り候ニ付何にも心置く事無之候間もはや馬鹿らしき忠義立は取止め申候御見限り可被下候吉之助も今日迄ニ此嶋へ三年もやられ申候に付き只今より大嶋三右衛門と自稱仕候間左様御承知可被下候貴下折角御自重を專一ニ奉祈候先は御返詞迄匆々如斯ニ御座候頓首

大嶋三右衞門

正月廿八日

有川十右衞門様

○一三六

暑氣相迫候得共

御兩殿様益御機嫌能御座被遊恐悦之御儀奉存候陳者去十五日ゟ打立伏見一泊にて十六日着坂いたし御待申上居候處十七日晝過　御着被爲在兩日御滯坂ニ而十九日川御登ニ而伏見御一宿廿日二本松御屋敷ゟ御着被爲在御着掛御花園御屋敷ゟ被爲入首尾能御着被爲成候御儀御互ニ恐悦之御事に御座候

中將様御儀指宿御湯治被爲入候段承知仕御相應被遊候御事大慶之御儀与奉存候扨御當地之形勢ニおひて日〻變乱に傾候次第に而致方もなき世態与は罷成申候

一橋延《延カ》にも內乱到來いたし候向にて平岡幷原市之進逢切害候由延中之事

に候得者何樣之譯ニ而如斯場ニ相及候哉委細始末不相分事ニ御坐候獨木ニ而ハ皆烏合之兵ニ而御座候處内乱到來ニ而ハ定而暴威を振候も六ヶ敷可有御座歟天下之人心ハ相離迚も意氣込通暴權を握られ候儀も相調中間敷歟此未《末カ》之處如何形行候歟与相考居申候會津之儀も獨木之助与相成一向暴を助居候處土佐人間違に而槍突候ゟ土人頻ニ憤り兩三日跡にも會人を五六人切捨候由右等大混雜与罷成候付今に而ハ會人もあくミ果たる由ニ被相聞申候〇い東万次郎長州邊聞合方として被差出候處罷歸候處唐物綿土持方ゟ御國元ニ御屆相成候向与格別相變候儀も無之中村半次郎与申者も先度申上越候通是非長州ニ入込候樣申付候而差出候處境目ニおひて決而不入込候由ニ而是以立歸申候第一賣船ニ手を付候而大坂ニ相廻候船ニハ決而不渡由ニ御座候右に付御國元ゟ上坂之商人共茶買取候聞得有之大阪ニ聞合方問越置候處別紙之通申出候間無往來之商人は都而差置候樣相達蒸汽船ニハ茶等之品物積入不致候樣蒸汽船方役々ニ相達置申候商人手

本に而取扱候儀も悉く御名目ニ相拘實ニ込入候次第ニ御座候付屹与御取締向相達相成候樣御計可被下候勿論御物之御船ニ無往來之者便船被仰付候儀甚以不相濟儀に御座候間深く取調候樣蒸汽船方掛御役々ゟも御達置可被下候いつれ此形勢迚も暴論通鎖國いたし候儀ハ相調申間敷候間自然開國之勢ニ相成可申与相考居申候其節ハ茶生蠟等之品ハ余程御益相成可申事に而商人共ゟも任置候品にては有之間敷候付只今之處嚴敷取締置公然と相成候節御國產御賣出相成候樣思召被下候而此涯之處深く御締向被成下候樣御願ニ御座候異人交易一條ニ付而ハ色々惡評共有之候得共委敷ハ不申上越候間御察可被下候只今外ニ何も御評判申上事も無之候得共交易一條而已惡評申觸候事に御座候間暫御取締向有御座度儀与奉存候○大夫御歸國之一條も來月廿日ゟ内にハ御出立之合ニ御座候間左樣御納得可被下候左候而蒸氣船御遣し處被申越候由相聞申候付夫等之御都合を成下度小倉邊ゟ御着共相成候而者懸念之譯も有之候其内便掛之場所も悉不宜事

ニ御座候間宜敷御計可被下候右ニ付先便申上越置候岩下氏跡ニ被相居候處御願申上置候間何卒相運候樣御都合被成下度私一人ニ而ハ實に氣細く公子も被爲在候付而ハ旁案勞仕居候付何分早早御申遣可被下候若御返答不相達內京着相成候ハヽ引止置御返答相待候樣可致候間左樣御納得可被下候此旨

公子御着之御祝儀迄如此御座候恐々謹言

大島吉之助

六月廿一日

○ 一三七

暑氣相募候得共

御兩殿樣益御機嫌能被遊御座恐悅之御儀奉存候次ニ貴兄御無異之筈与珍重奉存候陳者當月初方ニは

公子御着坂之御摸樣与承居候故御迎とメ去ル四日出立にて五日着阪いた

し直樣兵庫之樣參候賦是ハ楠公社之一條ニ付地面沙汰幕ゟ大坂御留守〔居脫カ〕方へ中立候儀御座候間伊地知正治吉井幸輔三人一緒ニ參居候處いまた御着もふ相分候付兵庫江差越賦ニ而大坂御留居〔守脫カ〕同道いたし伊丹迄差越申候伊丹之儀ハ薩广定宿与申儀を陽明殿江願出定宿之札相掛置候得者浮浪士之暴を免候由にて彼御方ゟ被仰遣候付定宿之札相記し候塲ニ罷成候處一度ハ薩广人一宿いたし呉候得者別而宜敷段申事故兵庫江參掛一宿いたし居候處五日夜之會藩等浪人捕方之一件内田仲之助方ゟ申來鷄鳴相達披見之央京地之方火烟相見得候付實に驚駭いたし早々罷歸候次第に御座候然る處委敷相尋申候處出火之儀ハ着火等之向に無之長州人探索は今に不意昨夜兩三人ハ召捕候向ニ被相聞申候畢竟何等之處ゟ如此始末に相及候哉委敷不相分候得共先日も長州援兵各國ゟ不差出樣との御沙汰被成下候樣朝廷江御願候儀も有之又ハ浪人取締之爲守衛之者嚴重ニ相迫手に餘り候ハヽ切捨不苦人間違にても不苦樣御達相成候間一橋ゟ頻ニ草稿迄相認申

出候處無御據御沙汰被出候由ニ御座候是等之儀前以相發し候次第ニ御座候へハ決而長州之本國を異人を以て相破らせ　京地ハ悉く相除之含にて御座候哉又は暴令相發し候付長州ゟ忍兼候而暴發可致之謀相洩候而ヶ様之始末ニ及候哉突留候廉もいまた不相知候得共長州人を相探候儀晝夜甚敷ものニ御座候由長人ハ是にて氣を被挫候歟又は激候哉ハ不相分候得共昨日迄に三度程國元ゟ飛脚を差立候由いまた長之廷中ニハ攻掛不申途中又ハ宿屋等之者計に手を掛候由に御座候水野和泉守昨朝御當地出立伏見ゟ參直樣乘船之由是ハ大坂ゟ早〻關東ゟ歸國之向ニ被相聞申候家中之者旅宿いたし居候亭主の物語に此度ハ危きめに逢ふ筈之處からき命を助り歸國いたす譯与相咄候由承り候さすれハ何歟相企候半歟とも被相察申候ともあれかくもあれ此末如何形行可申哉長州も只と止居候事にも無之大破に相成歟又ハ大擧して發り立申歟に可有御座候只今ハ薩州之處双方ゟ望を被掛候模樣に御座候得共確乎して動き不申

禁裏御守衛を一筋ニ相守居候事ニ御座候處各國之心配ハ露程も不存安氣なものに御座候御遙察可被下候御當地戰場与罷成摸様も御座候ハヽ直樣早打を以御注進可申上候間左樣御得心可被下候今朝歸京仕荒々形行申上越候恐々謹言

六月八日　大島吉之助

○一三八

先帝崩御

新帝御幼年無此上

朝廷之御大難ニ御座候處是迄深ク御鴻恩をも被爲蒙候上之御事に而尚更默止被爲居候儀難被爲忍御情合前後を不被爲顧御登京被爲在候儀全

朝廷之御爲一筋ニ被思食候而之御事時態ハ早乱階を生し後來如何之御危殆ニ被爲臨候儀難計

朝威ハ日々衰弱之姿に押移晝夜寢食を不被爲安御勢ひ与成行御歎息之次第に候就而者攝政之御大任に被爲居候上御指定之御策も相立居候筈ニ御座候間御開運之御定算をも拜聽被爲成從來之御積悶も相排御安心被爲成度段縷々至誠を以初ハ御訊問被爲在度儀与奉存候屹度御大策相備居候へハ無此上御大幸之御儀ニ御座候間速に御施行相成候樣得与御責被爲在度若哉御策も相立居不申只高位ニ御安着共に而全忠誠之御志も不相見得一向僥倖を被欲候位之御事に候得者突然与御策を御聞取相成候而者御驚怖彌增候計に而可被施手段も御失脚被爲成候程も不被測儀に御座候間一先御訊問之上小事之管見歟又ハ御無策之譯に候はゞ大小寬急之辨能々御心にしミ入大切之儀与被思食込御醒悟被爲在候樣次第〳〵に叩上ケさせられ候方可宜儀与奉存候

一議奏傳奏之御進退

一議奏衆にハ忠實之御方与知略有之候方壹人つゝ御拔擢有御座度儀与

奉存候

一傳奏衆之儀義氣有之決而節を不變御方兩人程も御登用相成度儀与奉存候

一御輔佐

三條樣

右三條樣ニハ御禁錮中ニ而決而御登用難被爲成夫々御格も有之もの故一己之御見込を以御計出來兼候与歟又ハ先帝之御機嫌ニ相觸候處も有之候御孝道之上御差障被爲在候与歟いつれ御拒被成候御言葉被爲在候半歟其節ハ委敷御辨明被爲在度此時勢に被爲臨人材与被思食候ニ御舊格ニ御拘被爲在候儀ニ無之御政事擧り御一新被爲在候處第一之御格只習弊を以公論を御破り被成候儀ニ而ハ決而不相濟譯に御座候間私論を捨てヽ公平至當之御所置被爲施候處得与御理解有御座度儀与奉存候

右兩條は
朝廷之御急務興廢之機此時ニ御座候間先つ大事之ヶ條を以御立貫被爲在候へ者是より萬機を生し可申儀与奉存候大事件之間ニ小事相雜候而ハ必大事ハ輕ク相成候付今日之御盡力ハ一向根元迄を以御至誠貫徹仕候處偏奉渴望候

別啓長州談判として永井主水正等廣島表ヘ出張いたし近日歸坂ニ相成候處如何之應接ニ及候哉至極秘事ニいたし居候故頓与不相分長州ゟ書取を以申出候趣も有之中ニ被相聞候得共不相洩段ミ承候へば永井等此度之談判ハ大ニ長人ゟ愚弄せられ候世評ニ御座候夫故秘密ニいたす譯歟与も申事に御座候いつれ追々相分可申候間後便ゟ委敷可申上俗說紛々御座候得共慥成論も不承又々永井等も廣島表ヘ出張可致との趣ニ被相聞申候間此度之談判ハ決而不相調儀ハ相違無之此談判も又ミ長引候儀ハ無疑事ニ御座候近來細川之議論も相變上田休兵衛林新九郎之兩人ハ國元ヘ被打下非

口呈助ト申者交代とメ被差出此人ハ余程着實之人ニ而御座候由上田第一會津之手先ニ而御座候處國中ニおひて議論相起右之次第ニ及候由御座候細川正義ニ立替候ハヽ頓ト賴方無之ものト相成可申儀ニ御座候人數操出し等之儀も細川ハ御斷相成候由柳川も同斷之向ニ被相聞申候右兩藩ハ當月十日限にハ先手操出し候儀ハ御達御座候由細川さへ右次第之事候得者外藩ハ決而動き申間敷可討勢も無之戰は出來不申事故此度之再討ト申ハ橋會ゟ出張いたし此時機ニ及候次第長ニ説込却而長を懷込候趣ト被相聞申實ニ幕人恐しき術策驚計ニ御座候以上

〇一三九

御兩殿樣益御機嫌能被遊御座恐悦之御儀奉存候陳者長州征討之儀遲引之事殘志無申計候尾張老公ニ關東ゟり御目付兩人被差遣金之御采配御戴相成是非惣督之御受相成候樣申參候由に御座候迚も御受相成丈けに無之模樣ニ被伺申候尾州は土民一向之徒東本願寺燒失ニ付徒黨を組混雜之向ニ

被相聞申候會藩故に燒亡いたし候故佛敵与相喝是非返ち不被致との說も有之候由御座候西本願寺を燒拂候樣戰爭涯も山階宮樣ゟ御沙汰有之候得共決而不取合尤西ハ長州ニ組し居落人も相圍居候由相聞得候付會ニ相通探索いたし候樣申置候處又ゝ此頃ハ乃見織衛等潛伏之由相聞得是非此御方ゟ火を掛候樣宮樣ゟ御達有之候得共今更ケ樣之事を謀り候而ハ佛敵与唱を却而手之延兼候基に御座候間此儀は不宜段御斷申上置候段々壯士之者燒度申立候得共引留置候處尾張之說共承りよふこそ火攻を取止候与相考居申候後難之處を打返し勘考仕候事共御座候一時之愉快を欲し是ハ跡々難儀ニ而被取返候事ニ御座候間折角念を入候事共御座候〇天朝ゟ之御褒賞最初ハ御所ニ御家老御呼出有之御品等直樣御渡相成賦に御座候處一橋ゟ是非惣督ニ御渡被下右ゟ諸藩ニハ可相渡との段申上候ニ其御運に相成候由實ニ　朝廷ニ御人無之諸藩之人氣を被失候事共可嘆事共ニ御座候委細表通御問越可有之哉森岡才領ニ而被差下申候〇小蝶丸ニも攻懸等

之儀惣督之指揮を受慥ニ相定候上差下賦ニ御座候處何分延引之譯ニ相成候付一篇ハ足輕兩人被差立候處淀川ニ而難船ニ逢ひ御用封等都而流失相成當分ハ飛脚等も遲着勝之事に御座候間小蝶丸差下候間翔鳳丸ニ而も小蝶丸ニ而も速に御差返相成候儀ハ相調間敷哉いつれ太夫御歸京ニ付而ハ決而蒸汽船ゟ与相考候得共爲念御願申上置候いつれ軍勢被差出候付而ハ蒸汽船なり被差出筈御座候得共引船等之御手數相成候上隨分御都合出來させられ候半歟幕船借入も當分ニ而ハ出來申間敷海軍方之船迄も取揚候由御座候間相成儀に御座候ハヽ一艘ハ御遣に相成候樣御働可被下候此度も守衞方人數流行病ニ而多人數臥居渴氣又ハ疫病相流行死亡多看々難儀之者ハ不差返候而ハ不相濟譯に而守衞方ハ專戰場を守与いたし病難に差迫候者ハ御愛士之廉も不相立候而ハ不被爲濟との譯に而幸御國船參候付御雇入ニ而引船之都合ニいたし小蝶丸ニ爲引難澁申立候分ハ御下し相成候間左樣御汲取可被下候○攝海ニ異船相見得候旨早々木脇方へ手を付させ

候處別紙之通申出候付夷情探索不致候而ハ不相濟外國奉行談判ニ依事柄も相分儀に候へハ速に手を不付候而ハ間後れ相成攝海ゟ參候儀も有之候付有馬新助江戶ゟ參居候處東鄕罷下候付跡ゟ被殘置候得共畠山等被差越候付少しも支無之故海江田武次差添橫濱探索ハ勿論幕情承合候樣被差遣候明日出立与申場合之處

內府樣ゟ會肥後久留米等申談將軍上洛を早々催候樣周旋可致旨御達御座候付明日人を關東ゟ差下賦に御座候間其邊之處申付可差遣候間外藩ゟハ內府公ゟ御達相成候樣御願申上置當月朔日爰許出立致申候○南部彌八郎等昨日着いたし承候處四國灘にて難船ニ逢余程難儀いたし乍漸助來候由ニ御座候夫故遲着相成申候付御問合之趣承知仕南部ゟ相尋候處參府之處も無に能相談出來そふな模樣に候得共異人ハ余程利にかしこひもの故中々太体之事に而ハ受合六ヶ敷可有御座候付若相談出來兼候ハヽ別に策を承來候哉相尋候得共左樣之儀ハ一圓無之軍艦之儀ハ誠に當時態要用之第

一ニ候へハ御買入不相調候而ハ屹与不相濟候付六ヶ年府にいたし年々御産物之品を以坂地ニおひて可相償との約束を內々ニ而取究候ハヽ異人之好む所いつれ破言候ハヽ島々迚も可救道も無之候付早く此方ゟ先をいたし候而爰に來れと呼掛候ハヽ跡之處もいたし安幕府之嫌疑ハ可相掛事なからも隨分しのき方も可有之候間若談判不相調候ハヽ右之一條を申込候樣相達置候間宜敷御勘考可被下候又手付金一萬兩ニ而ハ承知不致候ハヽ平運丸を差遣置是ニ而質物相成ものニ而は無之哉其邊之處迄ハ相働候樣相達置候付宜敷御汲取可然阪地ニ而産物を以軍艦之代品引結相調候ハヽ不及なから私被差遣候ハヽ隨分弊害之なき樣に取組可致賦にて振切て相達候付宜敷御汲取可被下候拾七萬之現金を被差出候而ハ迚も補ふ道も無御座候付是非品を以取組候手段ニ無之候而ハ不相濟儀に御座候恐惶謹言

大島吉之助

九月六日

大久保一藏様

○一四〇

上之關之儀諸藩切口も無之諸方之通船第一之繋場御座候處近來通船を塞旅人之上陸を押へ臺場等相備萩表ゟ守衛の人數をも差出置たる由御座候得ハ徳山邊ゟ攻掛之諸軍煩ひニも可相成哉与奉存候付京都詰在之一手を以海路より上之關乗取暫陣を居へ諸船之海路を開而馬關ニ相廻國兵与合し其上荻〔萩カ〕口ニ乗込候手順に御座候間此段形行申上置候以上

御名內

十月廿二日

大島吉之助

惣督方ゟ返詞

長州上之關より上陸攻寄方被相伺候趣從是否可相達候事

○一四一

寫

心得之覺

一毛利大膳父子山口を開き萩ぃ移り寺院に蟄〔蟄カ〕居いたし候事

一五卿始諸藩士一旦三田尻へ集猶又五卿を山口ぃ移し候處今度他藩ぃ御轉座を申出候事

一三暴臣を斬首級を差出候事

一三暴臣參謀之輩も斬首申付候段相届候事

右者尾州使者申聞候

○一四二

小倉表ぃ越前樣ゟ御達に相成候書面宮崎良助寫取差出申候

○一四三

此節長州御處置之次第御達相成候處承服不仕候付其罪を被爲伐候間早々人數操出候樣被仰渡趣承知仕候一昨年尾張前大納言樣惣督として被差向

伏罪之筋相立解兵迄相成候處却而御譴責同樣之譯其他御出張之御役〻方ハ罪を被爲蒙其上改而不容易企有之御再討被仰出御進發相成候而只々天下之動乱を被引起候譯事實明白なる儀に御座候處其邊ハ全御取削ニ相成鬪爭之術絕果候處ゟ以前之事故ニ立戻候へは其罪を天下に不被謝候而ハ名分條理相立不申勿論征伐ハ天下之大典後世正史ニ載せ毫も遺憾無之ものならては戰士死ニ安するの期無覺束且凶器妄ニ不可動之大戒最早人之耳目開候世態兵機も不相振儀當然之事に御座候況乎世人擧而可討与謂さるにおひては天下之人心を治るの權道却而混乱を釀出候場に成行可申ハ眼前之事御座候付天理に相戻候合戰ハ萬々相叶不申候付無據御斷申上候間虚心を以御聞分被成下度此段申上候以上

○一四四

異人ゟ先月七日江戸ニおひて談判之趣意去廿四五日方阿部閣老ゟ朝廷ゟ被申立候由右ハ長州にて

朝幕之命を蒙り異船に砲發之次第に而決而暴發之譯ニ無之趣異人に申述
其段を強く押張ひ候向ニて是非此度ハ攝海に乘廻
帝王与條約を不成候而ハ人心之折合も不宜向ニ被相聞候間左樣ニ可致當
時諸色高直之處を以相考候處鎖港之樣子と被相察候是非鎖之存慮ニ可有
之哉得与承度との事に御座候由然らハ開港可致与速に返答も難致又鎖港
可致段
朝命を以被仰出候儀とも不被申賓ニ込入候次第ニ御座候段被申上候處闕
白樣ゟ御返詞之趣ハ大樹自ら鎖港之御受ニも相成候譯柄ニ候へハ只今開
港可致との御伺も難出來次第に候へは
朝廷ゟも御即答相成事件ニ而も無之只御咄ニハいたし候事哉与被仰候處
卒度御咄申上候譯ニ御座候段申上置夫形歸參仕候而一橋に相詑迚も
朝廷の御受不宜十分之處難申上罷歸候付幕府ニおひて都合能取計候樣に
との

朝命相下候處盡力いたし呉候樣阿閣ゟ承候段一橋ゟ
朝廷江又〻申立候由に御座候處　關白樣ゟ御返詞之譯ハ何分にも重大之事件ニ候得者速ニ御返詞可被遊譯ニも無之いつれ長征を速ニ爲運將軍上洛之上屹与御達可有之只今決而御達ハ無之段押切之御沙汰に御座候由然處最早異人ハ談判之日より三十日之内返答可致約定ニ御座候處七月ゟハ期限も可相過候付是非此度何と歟被仰出度又〻相願候由然共期限を定め候儀ハ
朝廷ゟの御達ニ而も無之幕府ニおひて勝手ニ取究候事に候得者其邊之處ニ御構被遊譯更無之との事ニ御座候由余程幕府も心配と相見得候付定而攝海江ハ當年中ニハ相廻可申事与奉存候乍然幕府におひても吟味有之攝海江差廻
朝廷より異人御所置被爲付候ハヽ幕府ハ其節限りにて禿可申との評議も御座候而大心配之筋と相見得申候右阿閣ゟ言上之事件ハ

内府公ゟ承知仕候事ニ御座候○岩下佐次右衛門早打ニ而罷登申立候趣ハ
将軍上洛之儀得与大久保越中守与相談候處只今ニ而は閣老邊ゟ幕役之者
可遮人も無之候得共只因循ニて急速不被運候付閣老邊ニ相迫候樣可致与
申居候由就而ハ　天璋院樣ゟ一口出候へハ閣老邊ニ而も遮る事も不出來
何篇行れ候勢にて候間此御方ニ盡力可致与の事ニ御座候處御國元ニ伺越
候而ハ急速之間ニ逢兼候故近衛樣ニ申上御内書御遣し相成候而備後樣ゟ
も御道書被進候ハヽ其御都合も可宜との存慮に御座候故直樣
内府公ニ申上候處御直書御渡相成内府公ゟ備後樣ニも相達相成候處を以
御書被進候筋ニ内府公ニも申上其運不相成候而ハ
中將樣思召之處も如何与御案可被遊御疑ひ之廉も可有御座儀与之譯ニて
かく迄ハ相盡候付左樣御汲取可被下候右等可申上爲め飛脚差立候付宜敷
御取成可被成下候恐々謹言

十月八日　大島吉之助

大久保一藏様

○一四五

尙々鳳輦を奉奪候謀計ニ而實ニ薩兵あらすんハ危き次第にて御座候此度ハ　御所ニ向ひ炮發いたし候付而は天下之人望を失ひ候而已ならす大逆之罪を得其上異人与和儀を結び旁是迄之詐謀一時ニ相顯天罰を蒙り候事共ニ御座候

先度ゟ申上越置候長州之一條ニ付堂上方荷擔之御方ミも多く色々与議論紛々之事ニて進討候之カ　勅命相下り候處六ヶ敷殊に長州違　勅之事ニ付而ハ罪狀明白之譯ニて色々手を盡し已ニ　勅命相下ル一段に罷成居候處もふハ致方無之迚相起り候哉一昨夜ゟ人數操出し中立賣ゟ攻登未明ゟ戰爭相始候處諸藩之御固場所も打破公卿御門迄攻入候處此御方樣一手を以打破追退烏丸通ゟ一手押出し大砲を以互ニ打合室町ゟも一手操出し攻打候處無程退散いたし鷹司

家内ニ逃込炮戰有之又〻崩かたく此御方ゟ炮隊幷二組之人數を以打挫火攻ニ及候處たまり兼早々退去之由國司信濃益田右衞門介等之面面罷居たる由御座候得共打洩したる事殘念之至ニ御座候乍然國司儀ハ旗幷具足等打捨逃去候付而ハ首級同樣之譯に御座候伏見之儀ハ福原越後主宰ニ而御座候處大垣之手勢を以打破候由御座候今日ハ又〻天龍山ニ攻懸候樣御達相成御人數被差向候處不殘退散跡ニ而一人之生捕有之候計ニ而御座候處巢穴を破置賦にて火を懸燒崩申候山崎之方も皆崩立逃去候故今日之合戰ハ何事も無之引返し候事共ニ而御座候此度之薩勢之鋒衆人之耳目を驚し候事共ニ而大慶之儀に御座候

備後樣ニハ　日之御門內

圖書樣ニハ　乾御門御堅御出張相成勝たる御都合に而難有事共ニ御座候此旨荒々申上候間畠山方ゟ細事御聞取可被下候後便委細可申上候恐々謹言

七月廿日　　大島吉之助

大久保一藏樣

追啓上烏丸通之大炮攻合に長方ゟ散彈をつるべて打込候處怪我人も段〻有之長藏儀足ニ少々疵を蒙候得共決而御念遣之儀ニハ無御座候疵を蒙りなから少しもひるます矢種之盡る迄打込候次第恐る計ニ御座候

〇一四六

昨朝六ッ時分着坂仕英人之旅宿相尋候處當春參居候節罷在候寺ニ宿いたし居候趣相分候付早速薩道ニ懸合いたし今日何時に參候而可宜哉尋遣候處七時に可參旨申來候付右刻限差越候處只今寢覺候處に而御座候故二階に伴行候に付ミニストル着坂之段　御承知被遊態と使者を以而時候安否御尋として被差遣候段一と通挨拶申入候處今日は本國ニ飛脚差立候付十時過に相仕舞十一時半頃より登城之由承候付格別要事有之儀に而ハ無之只着坂之祝儀旁見舞之爲ニ參り事故多忙中却而煩敷候間面會は不致候

付宜敷ミニストルに申入呉候樣申述候處ミニストルには是非面會いたし度候へ共至極取込居候間今日は御斷可申入与の事に御座候間兩三日は滯坂之賦と中聞候處是非逢度との事に御座候間兩三日中ニハ面會可致も不被計候來月二日には愛許出帆いたし江戸の樣罷歸賦與被相聞申候薩道ぃ逢取見候處全以前通之譯にて格別何時も相替候向与は相見得不申依然たる次第にて柴山之疑惑とは大に違ひ申候故先日より御咄申上居候通大坂商社佛人与取結大に利を計候趣委敷申聞佛人之つかわれもの与御咄し通言掛些腹を立させて見度賦に御座候故佛に憤激いたし候樣說込候處大に能く乘り思ひ通に爲被發候處段々意底を咄出し申候間左之通御座候一佛人より日本之形勢を論し試度申掛候付隨分議論いたし度薩道より返答に及申候處佛人申にはいつれ日本も西洋各國之通政府一般之ものに相成大名之威權を不除候而は不相濟候付第一長薩之二國を打亡し度候付倶に打平候方宜敷は有之間敷哉と申掛たるよし其節薩道より相答候には先

度之再討之次第を以可見幾之長州一國さへ打てさる政府ニ而諸大名之權を除抔与申儀ハ顯然不相叶事に御座候左樣之弱きものを如何して助らるゝものに候哉と申述候處一言もなく夫形論は不出來与相咄居申候右等之論を公然と仕出す事に候間必政府を相助候而諸藩を打之策を廻し候儀は相違無之兩三年之內金を集め機械を備佛之應援を賴ミ戰を始め候所存と相伺申候間其節は必佛も軍兵を發し應援可致候間いつれ相對する所の大國を應援に不備置候而ハ危き事に成行候半其節は英國におひて同しく軍兵を押出し守護可致与申觸れ候へは佛之援兵は決而動かし候儀は不相叶候間前以能々相結候處肝要与相咄事に御座候第一英國之所存は日本國王政柄を握らせられ其下に諸侯を置て國体之立方英國ニひとしき制度に相成候儀專一に願居候譯にて此度も英國王より　日本國王へ之書翰を幕府へ差出候由右ハ全体　先帝崩御之儀承候而御悔狀差出候趣と相聞れ申候是もいつれ

帝王へ幕府より被差上右之御返翰無之候而は不濟事に候得ともいまた返翰も無之与申居候夫程日本皇帝之處主張いたし候へ共京都にては其思食は更に無之京地に異人を入れ候而は汚れ候抔との説のみ之よし右等之ものにては不相濟候付萬國へ被對確乎たる政体を以交際之處も普通之ものに不相成候而ハ相濟間敷与申居候何そ英國ゟ御相談被成度儀も御座候はゝ承知いたし度く申掛應援相頼候へは引受可申との口氣にて御座候故日本政体變革之處ハいつれとも我我盡力可致筋にて外國之人に對し面皮もなき譯与返答いたし置申候

一佛人横濱におひても利を貪り自分勝手ニ取組候始末一圓不承知被相聞れ申候全英國は商法を以相立候國柄にて此商法之妨をいたし候儀はどこ迄も不承知与至極憤激の体に御座候

一長崎におひて英人船頭を兩人殺し候もの有之いまた相手不相知候由全土州人之仕業と申觸し候趣に被相聞申候余程土州を惡しく申含候向に被相聞

申候薩道抔越前ゟ陸行之節も伏見邊ニ土州人待伏居候抔其外京師にて乱妨いたす抔又は博徒を集め候抔との説余程言込候向に被相聞申候長崎之異人殺しも土州人共にて御座候与大に害を成す事与苦察いたし居申候

一越前に參候節は誰人も出迎無之田舍にては郡奉行抔出會いたしたる由御座候へ共城下にては全誰も不出候而酒肴抔之馳走ハ余程いたし候由薩道不合點と相見得居申候

右之通要用迄荒〻如此御座候明日ハ十時ゟ薩道此方に參との事に御座候間尚又咄も有之相考居申候今兩三日は滯在可仕候間左樣御含可被下候至極薩道之口氣は幕府を罵居申候委敷儀は御直話と申殘候恐々謹言

七月廿七日　西郷吉之助

大久保一藏樣

〇一四七

御別以後不能御音信候得共彌以御安康至と奉存候隨而少弟夜船ニ而川下いたし候處昨朝未明着坂仕候處幸佐土原船出帆無之今明日中には出船之筈御座候間細嶋迄便船相願候處受合相成大慶此事ニ御座候乍憚御安慮可被下候陳ハ此度御上京被遊候上ハ必兵隊も無事を唱へ油斷之氣合ニ陷可申と懸念此事ニ御座候就而ハ只兵隊之罪ニハ無之油斷不被成樣御仕向ヶ御座候得は一兩人之怠惰ハ無致方義ニ候へ共都而之隊ニハ不相拘樣有御座度義と奉存候此機會ニ臨てハ戰陣之心持不相失樣無之候而ハかく迄天下ニ强兵を名ヲ得候もの丶京師に守衞ニ出候と鈍候樣ニ而ハ御耻辱之譯ニ而實ニ可愼之事ニ御座候懦弱ニ陷入候へハ無據も法を以處し候場合ハ可立至其節は必兵隊ハ難事ニ當り無事之日ニ立候而ハ卽治事局より法を以被扱候と申氣受ニ相成候而ハ兵隊と治事局ハ直樣隔絕之勢ひ可罷成候間今日之所置ニ依り右之勢ひハ轉して兵隊之强勢ヲ以治事之者も振起候場所ニも可罷成事候付今日々々之目的ニ而ハ必大弊ヲ生シ可申始終後來之處

ニ見居へ付不申候而ハ不相濟事候間江戸表ニおひても兵隊之者とも談合
仕候義も有之是迄之京都御邸中之處も全陣屋ニ仕向ケニ不相成候而ハ隊
中之方向も不定候間御門ハ勿論辻番等之義も兵隊ニ而番兵同樣ニいたし
度談し置候付此度
君公御着京之日とり右之御仕向相成度事と奉存候概略書綴候付尙叉御勘
考之上分兼候義も御座候ハヽ愚弟信吾能含居候間御質問被成下度御願申
上候
一御門之義ハ是迄御側役方受持ニ而拂渡方抔之御役局相立ツ居候居共拂
渡方ハ被廢都而本營方之受持と相成御側役受持は御免相成度義と奉存候
但見聞役も御引取方可宜候
一治事局之者何歟外御用有之御門を出候節ハ姓名を記し候木札を御門に
一御家老始都而同樣之仕向
差出置御用之義を以中斷罷歸候節當人木札相受取罷歸候樣有之御門にハ
矢張是迄之通帳面に書記し置翌日本營に差出候樣いたし置翌朝其局々より

も時々本營ゟ引合候樣可有之度左候得は御門之帳面本座之屆と引合首尾有之候得は面働等敷事ニハ候得共嚴重之扱と相成後來之弊害も薄く兵隊迄取締候而治事局之者勝手次第ニ外出も可致抔と申議論も薄く本營方ニ而被總候得は都而兵隊同樣之者ニ相成二端不相分事と相成大ニ可宜と奉存候

但兵隊之義ハ隊長監軍之間より外出之者ハ翌朝時々本營ゟ屆可申出事

一南西通融御門ニハ上番並下番ハ都而御引取相成兵隊を以番兵可相詰御門之開閉ハ人足を以可致御門内ニハ一四列御門外ゟも一四列ニ而組せ筒ニ而可相詰事

但一時（半時之事ニ）交代此交代はみしかき方守兵も不倦而已ならす必行屆可申候書夜不寢番

一辻番所之義も都而一四列ツヽニ而番兵を以相守可申事是迄之通座し居候而ハ不相濟候付土間ニいたし腰懸ニ而可宜前ニ組せ筒ニ而高貴之御方歟御近親之御大名樣丈ケハ御通行之節捧筒ニ而可宜兼而ハ御家老以下之

人々ハ決而捧筒ニ不及無左候而ハ兵隊之貴き譯不相立是迄之辻番同樣ニ而ハ不相濟候
一是迄御式臺〻當番之兵隊一晝夜ツヽ相詰來候付矢張一小隊ツヽ當番相定其內より番兵も相兼候樣御定相成度義ニ御座候
一巡邏之義も日本之一時々々に當番より可相勤事但御邸內並郭外可相廻事
一御本門之義ハ御門內之番人ハ被廢御門外〻一四列ツヽ交代ニ而腰懸相構組せ筒ニ而可相固事但御門之開閉ハ夫方之者より可相勤候
右之通忽卒相認候付細事ニ不能候間委敷御調可被下候以上

十月廿五日　西鄕吉之助

有川七之助樣

〇一四八

麻布土屋之屋敷隣光林寺と申所〻去ル十三日比ゟ賊兵貳百人許屯いたし居

候處十五日夜都而逃走候由然處右寺ニ小銃百挺計大砲壹挺彈藥有之候由告來候付早速御探索被成下度町家之者共ニハ右等之品有之候ヘハ又戰爭相始歟も不知と驚怖之念より告知らせ今晩も賊兵參歟も不相分候付早々手を付吳候樣申出候位ニ御座候間何卒先つ祥雲寺ニ申合向々藩々ニ而も御達被下度奉合掌候頓首

五月廿日　西郷吉之助

寺島秀之助樣

大村益次郎樣

要詞

〇一四九

別紙之通東久世樣より御達相成岩下佐次右衞門ニ名代承候而御通申上候樣との事ニ御座候ニ付早々爲持差上候付御落手可被下候此旨乍略義以書中奉得貴意候頓首

正月三日　西郷吉之助

廣澤兵助様

高田春太郎様

拝呈

○一五〇

今朝承知仕候吉川面會之義明朝國泰寺ニおひて大小監察成瀬等出席可相成候間尊藩ゟ御引合申上都合向可取計との趣ニ御座候間疾く御承知之筈と奉存候御打合旁參上可仕筈御座候へ共色々御手數も相掛却而御面働筋可罷成と態と差扣明朝國泰寺ニ而拝話可仕候付乍略儀以寸楮奉得貴意候間宜敷御含置可被下候頓首

十一月十五日　西郷吉之助

植田乙次郎様

要詞

○一五一

御返書忝拜誦仕候陳者鳥羽街道にも出懸候半歟と相察候付彼方にも手配仕候付御含置可被下候尤戎裝ニ而登京之儀は何分朝廷より之御沙汰有之迄ハ相扣候樣巡邏之三藩より之談判ニ可及趣は只今御伺申上置候付其樣御納得可被下候此旨又々奉得貴意候頓首

正月三日　西郷吉之助

楫取素彦樣

○一五二　要詞

御國許ゟ上阪致居候商人之内宇治六角堂邊茶屋ニおひて過分之茶買入候段相聞得自然長崎に相廻異人交易之方ニ振向候ものと相聞れ候就而ハ右買本之茶屋是迄異人交易取結世間之聞得も不宜者之由ニ候得は尙更　御名目ニ相拘色々難說相起候儀ニ御座候定而姦商共利欲ニ迷ひ右等取企候儀不屆之次第ニ御座候如何樣辨無之ものとハ乍申先度綿一條ニ付惡評申

觸シ今以切崗之事御座候處其邊之儀ハ疾くなから商人勝利ハ不搆又ハ賣買向御禁止之事ニも無之故不苦抔との所存ニ而御惡評ハ不顧所業可惡者共御座候何分名前等慥ニ不相知候間巨細ニ被相糺買入置候品ハ都而本々ゝ差返右之商人直樣罷下候樣御取計可被成候當分不容易御時節少々惡しき御評判も相消候模樣之處又々相重候而ハ如何ニも無致方仕合ニ御座候ニ付嚴重御取調可被〔下脫カ〕歎息之至ニ御坐□□□分而申越候以上

六月十一日　　大島吉之助

木場傳内殿

〇一五三

宮之城公子來ル十三日御發足之筋相決申候間御借入之幕船仕廻方等之義共御談し置被下度天保山洋ゝ相廻候ハヽ積荷等之都合も可宜哉六ヶ敷模樣ニ候ハヽ兵庫ニ而も格別混雜致間敷候得共其邊之都合前以能相調候樣御取計可被下候いつれ川御下りニ付而ハ御船差登せ不相成候而ハ不濟義

ニ御座候處當分ハ餘程淺瀨ニ有之哉ニも承居候付其等之處深く御吟味被成下候而御召船通行不相成候ハヽ、町屋形船ニ而も相調候樣御取計被下候而早々御申越可被下候長州表ゟ異船差向可申とて横濱去月廿九日出帆いたし候由申來候就而ハ見掛次第異船ゟ幕人乘組長州ゟ差向候儀ハ御差止相成候義ニ相運小監察被差出候由ニ御坐候就而ハ大坂邊ゟ異船相見得候義も不被計候付右等之節ハ早々御申越被下度態々前廣申越置候此段御問合申遣候以上

八月八日　　大島吉之助

木場傳内殿

追而濱村義ハ是非此度ハ御伺通相運候筋ニ御決相成先日御差止之處迄御申越相成居候御運新番格迄被仰下置候者ニ候ヘハ御國元ゟ一往御伺不相・〔成脱カ〕候而ハ不濟事故早々御向阪相成居候付追而御返答相分候半左樣御納得可被下候先日御賴申上越候朱粉御遣合御座候ハヽ、早々御世話被成

下度御頼申上候

○一五四

御一別以來不能御音信候處強暑之砌無御障可被成御座珍重奉存候陳ば御堅約申上候後土州後藤象次郎長崎表より參來容堂侯御歸國甚殘念がり大ニ憤發致し大論を立茲元御合手は雅俗共に同論に歸してしまい其上死を以て可盡と盟を立候て弊邸へも談判有之候儀にて實に渡りに船を得候心地致し直樣同意致候事に御座候夫故色々日間取に相成遲引に及び候儀甚以不相濟嘸御案勞の筈と是のみ苦心仕候事に御座候延引の次第何卒御海恕可被成下候右に付ては後藤より盟約書相認是を以て議場一決致候手段に御座候故右の書面差上候に付得と御覽可被下候後藤にも當月三日出足歸國致し候ニ付國論決著の成行は一左右有之賦に御座候間相分次第又々可申上候得共御出立後相變候手續の次第申上度に付右樣御含可被下候別紙後藤よりの書面御異論の處も被爲在候はゝ何卒村田へ被仰聞可被下候尙

國論之處も不苦分は御洩被下度奉希候餘は細大村田より御聞取被下度文略仕候是非小生可罷出筈の處雜事紛々難相逃不得止次第に御座候間宜敷御汲取可被下度候此義荒々奉得貴意候恐惶謹言

七月七日　　　西郷吉之助

山縣狂助様

品川彌二郎様

○一五五

酷寒之砌御座候得共彌以御壯健可被成御座恐悅之御儀奉存候猶拜謁仕候節は旁々御懇志之段難有奉佩感厚御禮申上候暑〔著カ〕涯より色々混雜に取紛書狀も差上不申甚以不敬之至何卒御海恕可被成下候隨而私事土中之死骨にて不可忍儀を忍ひ罷在候次第早く御聞屆被下候半天地に恥ヶ敷儀に御座候へ共今更に罷成候而は皇國之爲に暫く生を貪居候事に御座候御笑察可被成下候扠同藩堀仲左衛門と申者此節罷出候處關東之事情承り誠に越候

之御忠誠奉感服候就而は弊國之義何にも殘念之至に御座候得共都而瓦解仕迚も人數より差出候儀不相調候間同志之者共申突出合仕る外無御座決心仕居候仲左衞門には又々出足仕候間何卒御逢被下度奉合掌候何も御直に御聞取被成下度省略仕候越藩橋本にも捕われ候由に御座候得共此度之儀に取り而は決而相崩れ不申段も申來候いつれ此機會を失ひ候而は實に本朝は是限と相考居申候仰願は天下之爲御伏藏なく堀え被仰付被下度之而已奉祈居候此書御厚禮旁奉捧愚札候恐惶謹言

十二月十九日　　西郷三助

長　監物様御侍史

追啓此度罷下候處直樣改名仕候樣被申聞變名仕候又々幕より御用召申來候儀無相違御座候半其節は死亡之筋に被申切賦之由に御座候間此段も內々申上置候若哉御書共被成下候節は椎原與三郎と申者私叔父にて御座候間其方に差向け被下度是又奉願候

○一五六

別紙只今到來仕候明朝ハ長州之廣澤等ヽ引合其上帥宮ヽハ委敷申入候樣可仕候付貴兄ハ何卒岩印ヽ御出被下度五ツ前ニ御返答申上候樣承知仕候大雲院之儀ハ佐治右衞門樣ヽ御問合被下候而形行御申出可被下色々歎願申上候由ニ而別ニ御見立可被成との事ニ御座候間宜敷御願申上候以上

正月二日　西郷吉之助

大久保一藏樣

要詞

○一五七

尙々有村儀ハ至而慥成者ニて御坐候間此書狀御覽被下候ハヽ何卒柳馬場之鍵屋ヽ御出會被下候而大封物御受取可被下候自分注進可申上候間左樣可被下候

去二日早曉發足仕晝夜兼行差急申候處漸なから七日晝時分弊廷ヽ到著仕

中候彌以無御障御勤王之筈奉恐賀候相隔候得は尚更如何と餘計ニ案方仕候計ニ御坐候扨御當地之御模樣彌增奸勢逞敷尾藩ニ而は御付家老竹腰大奸物ニて井水土と合符いたし君公を責込候時宜ニて有志之者悉く遠け長谷川ハ御國元に投落され田宮ハ表に追出され候次第只々御一人と相成れ君公ハ現在搏《ママ》せられ候姿ニ御坐候水藩ニ今一ッ嚴ニ相成老公駒込廷を御連枝幷竹腰水土ゟ水藩ニ入替て護衛いたし候樣尤幕監察ゟも右通ニ相違相成候位ニて既ニ八朔ニは珍事到來可仕模樣ニて水藩ハ惣體決心いたし候樣子ニ御坐候由幕ゟ町奉行に被相達同心其外火消ニは指圖次第繰出候樣との趣誠ニ危き事ニ御坐候兩藩共ニ右通之譯ニ相成居廷中に入込候儀も不相調密々通候儀さへ難相叶殘念とも何共難申次第之譯何卒宜敷　陽明公に被　仰上被下度奉合掌候いつれ不遠變ヲ引候儀無相違兩藩共ニ憤激いたし居候間今通ニ而は相濟申間敷何樣御達相成候而も始終受返〳〵いたし居何事も延引不仕候付又々手強く相掛來ニは別條有御坐間敷水藩ハ

餘程人數も繰上せ候由ニ御坐候右ニ付而は
天朝ニは手を出し候儀ハ迚も出來申間敷儀ニ御坐候間必御安慮可被下候い
つれ成此上ハ兩條之違
勅決然と相立拔被遊御確守被遊候儀當時的重御策と奉存候暫く其機ヲ御
見合之外無御坐殘心之至ニ御坐候
一內藤豐後守上
京仕候由此人ハ伏見ニ而は至極民心を得有志之樣ニ御坐候得共東行後
ハ都而奸ニ與し正論の面を以京師之懷ニ這込情實ヲ聞拔趣向ニ御坐候
由必御油斷被成間敷儀と奉存候
一井伊と間部勢甚敷其他之閣老ハ只其意ニ隨居候計ニ御坐候
一大久保右近將監も油斷ハ不相成奸ニ入込候儀と被思申候いまた慥成儀
ハ無御坐候得共心を置へき者ニ御坐候
一竹腰幷水土之家來を上せ事情探索ニ參候由

一老寡君儀當月廿六日當地發途之賦ニ御坐候通伏之砌
左府公ゟ御直書を以當時不容易御時節柄若哉異人等之騷も御坐候ハヽ
兼而御力と被思召儀故舊交を不忘御助力御頼被遊との趣御申込置被下
度左候ハヽ人數を操出し守衞等之都合至而致安く御坐候間何卒宜敷御
頼申上置候其儀ニおひてハ決而御安慮被成下候樣御序を以被仰上置可
被下候老寡君出立後ニ相成私ニも都合仕候而又々上
京仕可申候間尙又其節委敷御談合可申上候ニ付左樣思召可被下候
右之通之時宜にて返す〳〵も奉恐入儀ニ御坐候得共實ニ無致方儀
ニて御存之通船を失ひ唯孤島ニたゝみこミ候樣如何ともしかたし个
樣成事ニいたり尙更殘恨千萬之儀ニ御坐候此節ハ私無據身寄者差
下候付品々右之始末申上候間宜敷御汲取可被下候大切成儀を言を
喰候場ニ相當無申譯次第ニ御坐候いつれ御面上細大可申上候得共
其內右之形行迄申上越候自然

左府公之御怒も可被為在儀と恐入候得共不得止事次第ニて力ニ及ひ不申候有村俊齊と申者ハ詫し差上申候間御受取被下度右之者ハ何も委敷儀不相分候付其考ニて御受取可被下候此書要事迄如此御坐候恐々謹言

八月十一日 西郷吉兵衛

忍 向様

追啓上滯在中ニは別而御懇志被成下厚奉謝候尤御序を以左府公ハ宜敷御願被仰上可被下度是亦御願申上候

○一五八

口上

此壹封此まゝ御上ケ下され候樣願上まいらせ候

何も後刻參殿委曲可申上候早々めてたくかしく

忍　向

ひら岡殿へ

○一五九

任幸便啓上仕候冷氣相募候得共彌以御安康可被御座奉恐賀候隨而小弟無異儀滯留仕居申候間乍憚御安慮可被下候陳は有馬君御出府ニて御當地之事情委敷御聞取被下候半此後之處左之通ニ御座候

一月照一條ゟ陽明家些御弱之御摸樣ニ而苦心此事ニ御坐候鷹右府公は小林ゟ鵜飼ゟ餘程責掛候處案外御張込罷成大慶之儀ニ御坐候

就而は

左府公御儀ニ付而は決而御案し被下間敷

老公御一條實ニ苦心仕既に私ゟも引拂候儀勿論原田才輔ゟ御返事之趣いつれ　幕府ゟ之命ヲ不受候而ハ迚も守衞之人數被差出兼候然し若哉

之事ニ付而は如何樣共可被盡段被　仰上候由月首ニ而餘程御弱と存候儀ニ御座候由ニ候處豐家と拜謁迄仕掛置候處至極難有かり居候得共老公ゟ御差止ニ相成計も皆崩頓与手を切候處今一振切て仕掛候處　老公御聞過に相成

當上樣御英斷被爲　在江戸表出立相成候守衛人數大坂御屋敷江被備候儀とも相成表通之處追付　幼君公御出殿相成候間其内御供御人數も相障等も難計夫故被召止候筋ニて大坂御留守居京都御留守居共江も委敷豐印より被相渡案外振込此上ハ十分之人數被繰出候塲ニ相成陽明家江拜謁仕候而細事言上仕候樣豐印ゟ被相渡此上は彌御振はまり相成候樣起而相願可申候間決而相調可申儀と奉存候尤書付を以も別ニ申上置候其上明日共ハ決而拜謁相叶可申候間益豐印引勸め候儀勿論老公之御望之處へ迄も御にほわせ相成得と御腹へすわり候樣可宜敷被盡仕候間必御心配被下間敷候守衛人數も中途江被差向早々著坂仕候儀御

達ニも相成誠ニ難有次第ニ御座候明日間閣著之趣ニ御座候間若哉暴發仕候ハヽ直樣義兵を擧可申左候ハヽ土《佐カ》殿土屋之兵ハ應し可申尾張も同樣ニと相考申候間若等之兵ハ柔弱故ニ相破可申左候候て彥城ヲ乘落候樣可仕候間其節ハ關東ニて兵を合せ打崩候樣責可被下候

一關東之模樣有馬著之上御決而相替可申候間何卒雷發之向ニ御座候ハヽ早々御知可被下候左樣無御座候而ハ京都之御備ニも相拘候て第一手當相成御國元江も申遣人數繰登候樣可致事ニ御座候

一有川方御取替金之儀ハ私方ゟ直樣返辨致置候ニ付御安心可被下候

一御國之儀ハ何事も表向仕掛候筋ニ相成至而仕合之事ニ御坐候其外朝廷之御摸樣ハ杉浦ゟ御聞取可被下省略仕候

九月十七日　　　西郷吉兵衛

日下部伊三次樣

堀　仲左衛門様

○一六〇

先日ハ御來訪之由候處折惡敷失敬相働申候昨日は珍物品々御惠投厚御禮申入候扨臺灣之模樣少々相分候由就而は兵隊御繰出相成候儀ニ候ハヽ鹿兒島之兵一大隊招集いたし別府氏引受度との事ニ候間至極可宜と相考候ニ付御方迄御申入置可被成旨申置候處野生よりも相賴呉候樣承候ニ付何卒御働被下度御賴申上置候いまた副島氏不罷歸候而は御決定之儀も難出來事ニ候へ共前廣不申置候而は定而諸方より願立候半と相考候ニ付宜敷御含可被下候此分乍略儀以書中得御意候以上

七月廿一日　吉之助

信吾樣　要旨

○一六一

御紙面只今拜見いたし候正院へ罷出居候處詰所迄ニ而不相逹一同引取後

之事候間對州分營一條之士官へ御回答ハ相渡置候間明日何と歟沙汰も可
有之候ニ付其上何分御返事可致候此旨形行御返事ニ及候以上

八月九日

追而近衛兵員受渡後士官歸省之節ハ旅費ハ往來共可被成下事とは相心
得候得共其邊ハ前以承知不致置候而者跡更小事申置候樣罷出《マヽ》候ニ付一
先御尋申進候一體之布告ハ昨日相達置候間今日迄ハ旅費之一條ハ相扣
置候ニ付何分爲御知可給候

西郷隆盛

西郷陸軍少輔殿

○一六二

先刻御談合いたし置候末山縣氏來訪有之大隈氏之口氣等尚又細々承知い
たし談合之趣も承候ニ付一策相立候得共卽答可相成譯柄にてハ無之大ニ
面前ニて差障候故得と勘考之上尚又可申上旨申置候今朝迄之論を以又々一

體之上に變更いたし候處甚難澁之譯ニ御座候昨日迄は內定致置候而俄ニ裏を突候事事實適當之事柄なりといへとも爲すに不忍處ニ候一言之議を獻せす候とも罪ハ同し譯ニ御座候同罪の者事を振替て纒候儀幾度相考候而も出來不申畢竟固陋之病と存申候然るに一策を立候と申候ハ餘事には無之近來議論両立いたし候ニ付確乎として大隈之論を條公御採用相成候得者必一方ハ安然として難罷在勢ニ御座候間其節私より辭表之儀を相進め共ニ引込候樣いたし候得ハ兩人之處ハ無譯も引籠り可申左候得者必力を不費候而十分之策ハ成可申候ニ付此方より振切て此策を御纒給度山縣氏は餘程氣之毒かられ候得共少も故障無之樣には參不申候ニ付偏御盡力之處相願候若御遠慮共有之候而者甚以不宜候間斷然御行可給候御方より御振はまり給候て決而山縣氏ハ否有之間敷此上の策ハ無之事と相考申候辭表之處ハ御受合可致候間何分宜敷御賴申進候得と御賴可申進候得共以書中匆々如此御座候以上

五月十九日　　吉之助

信吾様　要詞

○一六三

昨晩ハ井上並大隈より段々説諭有之候得共全承引之様子も無之手切に及候外無他事左すれは陸軍省も瓦解之姿ニ立到可申然らは誰一人ありて持留候哉と迄ニ及候處津田を御居へに相成候而小彌太次に居り相助候へハ決而差支無之との見込に御座候右様成立候て忽異變を生し可申と愚案いたし居申候然るに迚も御出來なされぬと申所におゐてハ只無理に御はまり被下候様御願申上候儀は決而不被申いつれ其場に自ら取はまり片腕になり共不相立候而者難申出事候間此上は弟信吾を洋行を止め御跡に付置候様可致候ニ付此上ハ何卒御はまり被下候處御頼可申上旨申出候處直様御返事ハ六ヶ敷候間明日十字迄に返答可致との事ニ御座候如何ニも六ヶ敷次第ニ成行申候三浦鳥尾等之者も進め候摸様ニ御座候餘程御方を引止め可

申との論ニは難儀之樣子被相見得申候間今四五ヶ月之間御氣張被下度使節も御引返之處御內決相成居候間大久保抔罷歸候へハ御洋行之都合相調可申候ニ付夫迄之處ハ御辛抱無之候而者實に六ヶ敷事と相考申候ニ付今朝ハ早目ニ御出相成候て得と御談合被成下度井上十字ニハ返答を聞屆ニ參候賦ニ御座候故其內に御出掛之處御賴申進候私も是非參り候而旁御打合可申筈候得共乍略儀以書中此旨申進候以上

四月廿日

追而御國より老先生抔出掛相成候事ニ候得ハ陸軍省之混雜ハ却而勢ひ付候場合ニ相成候間是以可恐次第ニ御座候副城公を初其外下々に至候而も只恐しきものハ兵隊のみ之事ニ御座候

同　吉之助

西郷信吾樣

要詞

一六四

一騎兵隊之儀二小隊ニ而大隊之備を以て一屯所を受取居過分ニ費用を重候而已ニ而全實用ニ不適今二小隊之分相重大隊之都合いたし候樣被仰付候歟又は當分通被差置候譯ニ候ハヽ隊名を相除供奉迄之ものニ被相成候歟御沙汰相願度との事

一塚本明毅儀當分陸軍省地理取調方要用之人に候由然處地理之儀是迄御手拔相成居候間正院ニ而委敷御取調被仰付賦ニ候間彼方へ被召出度との事

○一六五

一四役場之儀ハ三小隊共に一宿にいたし罷在右を本營と相定可申事

一押前之節も必す三小隊ハ分隊不相成樣心得可申事

但一隊分差出候場合も外二小隊共に操出し一隊ハ救應ニ相備一隊ハ豫備と罷成候樣相心得可被申候

一三小隊之中毎日當番相定置其隊より先陣ニ行軍いたし宿陣へ着いたし

候ハヽ、諸所之番兵當番ゟ差出候樣可被致候尤宿陣中巡邏兵之儀ハ當番隊ゟ相勤候へとも外隊ゟ操廻相勤候共隊中之吟味可爲候

一土地不案內之事故斥候ハ半時前に差出夫ゟ順々行軍之事

但斥候は二分隊差出候て宜敷候

一土民之話を以て兵之進退は決而無用に候間必官軍之報知を得て擧動可致候事

但敵情不相分節は官軍ㇾ引合之上可被取計候

一柏崎ㇾ着船可致候付其節は速々兩人之斥候長岡之本陣ㇾ屆可申越候付前以取究置候樣可被致候是迄通之對陣ニ候ハヽ長岡之本陣相示し合又々海路より新潟之裏手ㇾ相迫り不意ニ新發田を攻拔候へハ賊兵一同救應ニ出懸可申候間其節持場〳〵ゟ追討いたし候ハヽ忽一方之賊軍打破と相考候へ共最早惣軍追擊いたし持場相變候半も計らす候ニ付柏崎着陣之上決定可致候右等之引合ニ可差遣人物取調可被置候事

右之通三小隊約束相定候事

○一六六

順達ノ寫

一信州松本　松平丹波守樣
一同　須坂　堀内藏頭樣
一同　飯山　本田豊後守樣
一同　岩村田　内藤志摩守樣
一同　高遠　内藤若狹守樣
一同　高島　諏訪因幡守樣
一同　飯田　堀石見守樣

一播州小野　一柳對馬守樣
一豫州小松　一柳因幡守樣
一若州小濱　酒井若狹守樣
一越中富山　松平稠松樣
一土佐

右之越後表出陣之藩々先度及御達置候處相漏候分相知らせ候付爲御心得此段致順達候以上

八月廿日　本營

御兵具方貳番隊
右同　三番隊
　隊長中
監軍中　符箋ニテ左ノ通リ

御本文承知仕候
御兵具方二番隊々長
別府新右衛門
別府彦助
伊集院宗次郎

御本文承知仕候
御兵具方二番隊長
古川直二郎

市來士
大重善十
永野十郎

○一六七

臼井幸十郎
永井勇之丞
永井彦太郎
永井休左衛門
中島直熊
高須太郎太
江田助太郎

右者此　兵器方兵隊御取調方ニ付御雇之義ハ被廢兵器方願望之人ハ筋々ヘ相付申出候ハヽ兵器方之家部ヘ相列候樣可被仰付候旨分而御達相成居候處大ニ人數も此度願望之者共御座候處於鄉內故障付候由夫々御達ニも相成居候義を差支之筋有之候ハヽ當人共ヘは相拘譯に無之候間不承知之趣言上有之候方當然之事ニ候右之人數之内ニハ兵器方ゟ出軍いたし軍功も有之厚御捬不相成候而不相濟譯ニ〔之カ〕者共ニ御座候處名分情義之筋も明分

ニ相立相達相成候義郷内に而相拒候由決而無之譯ニ御座候右ニ付而ハ私方ゟ申出候義を等を越へ願出候樣之趣も有之候由以之外之事ニ御座候諸郷士ニ限らす百姓町人たり共皆々直ニ申出候義多々有之當時態不相當之叱方ニ而ハ有之間敷哉兵器方之隊も近々御取仕立之賦ニ御座候處右等之義不相運候而ハ隊御組立にも差支候間夫々郷内より差免し候樣御達被下度右人數之外ニも段々願出候者も有之候間速ニ相運候樣御取計可被下候左候而此　郷内引移方ハ不被仰付譯候間早々引移候樣抔被相達候而ハ頓と困究ニ及御趣意ニ不相叶候間決而右等之無理無之樣御取計可被下候いつれ此　引移方被仰付譯ニ候へハ　物御計を以不被成下候而ハ不相濟道理ニ御座候間左樣御　得可被下候若郷内ニ而組頭等之者異議申立候ハヽ右之人私方ゟ直に可申立旨御達可被下候此段早々奉得御意候以上

八月廿八日　　西郷吉之助

坂本六郎樣

○一六八

暫時ハ不得貴意候處彌以御安康珍重奉存候然は今日ハ本田羅山奥州ニ遊歷之賦ニ而五ツ前ゟ發足之筈中途相送可申致約諾置候間貴兄ハ如何ニ御坐候哉御隙共御座候ハヽ御氣張被下度此旨奉得御意候以上

六月十三日　　西郷吉兵衛

樺山三圓様

○一六九

御手紙忝拜誦陳は御存之通此方空室多く何そ差支候譯御座候得共餘り自由之儀ニ御坐候間追付參上可承此旨御報迄如此御坐候草々

五月十二日　　吉兵衛

三圓様

貴答

○一七〇

御手紙忝拜誦明日ハ愈著之筈ニ而大坂より書狀到來貴丈ニ茂御通上呉候樣との之儀に御坐候間追付可申上含に而御坐候澁谷ゟ只今罷歸候付些遲成申候晩七ツ時ニは打立川崎迄權兵衞同道ニ而差掛賦ニ御坐候間御考を以御出掛可被下候何分遠方迄參呉候樣との儀ニ御坐候間是非彼所迄ハ參度含ニ御坐候以上

六月六日　　西郷吉兵衞

樺山三圓樣

○一七一

昨夜ハ段々之御馳走御禮申進候扠今日ハ大隈氏入來ニ而山縣氏之處井上より之申出ニハ是非津田を御居相成候而山縣氏ニハ御用掛を欤被仰付候ハヽ可然との事ニ而條公も余程御心配之由段々と井上より責付候末之事ニ而外ニ手段も無之趣ニ御座候由承候付只今陸軍省之處ハ格別差支候廉も無之候間暫時ハ御見合相成居候而ハ如何ニ御座候哉其內ニハ療法を替

て御方抔より得と御內談有之迚も不參候ハヽ其上ハ致方無之候付別ニ御手段有御座度との返答申置候間其御含を以野津氏抔御談合被成下度御賴申進候以上

四月廿一日

追而昨夕御咄いたし置候學校壁書寫差上候以上

○一七二

征韓論不和以來意見有之ニ付故山ニ退き居候得共天恩之難有事ハ一日も忘れ不申將來國力之擴張ニ付ひて大ニ心痛致し居候貴殿等以後之政策におゐて宜敷御盡力被下度元來韓國之如きハ些々たるものニ付左程意に介するに及ばされとも淸國の如きハ自然と我間隙を相窺ふの患有之候ニ付是非陸海軍共養生せざれは大ニ日本之欠策と存候徒らに長袖流之文弱ニてハ決而國權維持の方法不相立と吉之助此事を頻りニ念頭に懷き居り候間御注意相願度其內得貴顏萬々御協議可致候得共

御含迄此旨一筆得御意候餘情拜眉と申殘し候頓首

西郷吉之助

正月十日

大山彌助様

〇一七三

八代口之方一向埒明不申候處昨日縣元より前田一介と申人到着相成邊見別府抔ゟ書狀參申候千五百餘之兵を引て球摩ニ出山中より八代に突込候策を設一手ハ海手ゟ相廻候趣に御座候大概六月廿日八代に相掛候期日ニ御座候縣元之處も余程振起し當時ハ一日ニハトロンハ四万五千發雷帽子ハ三萬發ツヽハ出來候段も申來候針打玉之器械も又々取起是も五百發ツヽハ出來候由ニ御座候諸鄉ニハ別段ニ玉彈を拵へ鹽硝も球摩まて千樽到着之報知昨日相申候將又當時延岡并佐土原之兵隊相着し居候趣相聞候間彈藥等之爲先〻摩に扣居候樣申遣置候御賢兄樣ニも邊見抔御同行之段申

來候此旨荒々任幸便形勢爲御知申上候也

三月廿八日

西郷吉之助

河野主一郎樣

要詞

〇一七四

芳翰忝

御來訪被成

之仕合御海恕可被下候陳ハ樺太之條件御申立相成候由雀踊此事ニ御座候

貴兄之御持場ニ事始り候得は朝鮮處ニ而ハ無之直樣振替候心底ニ御座候

是迄貴兄之御親切を蒙り居候義如何計歟も不相知乘而死ハ一所と相考居

候次第ニ御座候間應援處ニ而ハ無之主と相成十分議論可致候間御安心可

被成下候相手ハ好し此位之樂ミハ無之事と相考居申候此旨御報迄荒々如

此御座候頓首

九月二日　西　郷拜

黒　田様

拜　復

〇一七五

三月ハ不能鳳眉候處彌以御壯剛奉恐賀候陳ハ御建白之一條如何之模様ニ御座候哉昨日ハ條公より御建白書を御廻相成爲何御趣意も不相分大隈後藤ゟ相廻し候樣との趣而已ニ而御評議ニ相成候程合も無覺束今ニ漸御廻達相成位ニ御座候へハ迚も護兵之處迄ニも參兼候半此方ゟ十分相はまり候而も詮立候事ニ御座候ハヽ書面御廻し相成候故飛出候て可宜義ニ御座候得共朝鮮之處迄も崩れ候而ハ頓と藏かめあかり可申と狐疑いたし居申候若哉朝鮮をこはがりてよけに論を起し候との疑惑も起り候半と案し居申候此御評議ハ小田原ニも參兼可申と相考居申候是迄之遲々何と可申哉

纔の冊紙を數日一人之手に留候位推可被察候事ニ御座候此旨卒度爲御知
如此御座候頓首

九月十一日

黑田樣 要詞　　西鄕拜

○一七六

昨日之談判案し居候處案外之仕合ニ御座候得共及勘考候處遂ニ談合如何成行候哉相尋候節余程難澁を相見得皮膚之間を恐しげに歩ミ來候而給りニ至りもふハ戰ニ而無之候而は濟間敷と　口より出候間考究て戰を以相答候位之事ニ御座候其後ニ至りても山縣ニハ決而五六年之間ハ戰ハ無用と申居候付山縣ゟ背き候旨申出さる次第ニいやら敷又海軍省ゟ及相談との事是を以時日を延し何と歟策を廻し候半歟と餘り過慮ニ涉り候事とハ相考候得共先度之恐れも有之候付油斷ハ出來申間敷昨日之評議ニ掛り候も畢竟笠原君全不同意起候故相調候分ニて決而私と談合最初ゟ不好事と相

考居申候野津士ニハ自分之定見ハ更に無之只人之説を聞て太鞁を叩き廻候計之事ニ御座候へは猶豫狐疑深き信吾ニ暫時之日間ヲ借し候ハヽ又々違變之策を廻し候義ハ案中之事候間何卒速ニ軍局之論ヲ定正院ニ中立候處御責付被下度御頼申上候篠原君ニも貴兄より御催促被成下候樣御通し置被下度奉合掌候此度又々相變候而ハ私ニも諸君ニ對し面目無之實ニ痛心いたし居候間幾重ニも宜敷御汲取被下急ニ埒明候處奉希候餘りニ過慮歟も不知候得共少しも違論無之最安ク相調候故此前之手ニ陥候半歟と疑惑仕候事ニ御座候此旨乍略義以書中腑を吐露仕候間宜敷御用捨被成下候頓首

九月廿二日　西　郷拜

黒　田樣

要詞

〇一七七

黒田了助様

西郷吉之助

要詞

今日ハ御暇乞參上可仕御座候得共自由相働以書中御願申上度候御兵具方附士隊も村上口ニ致出張居候得共足輕隊一緒ニ御纏被下度隊中よりも申出候間右　ニハ引合置候間宜敷御願申上候四五人之御小姓達も御邪魔可相成候得共何卒宜敷御賴申上候間御召使被下度奉合掌候頓首

九月廿九日

黒田了助様

西郷吉之助

〇一七八

村田新八様

要詞

昨夕品川君より西之宮邊船付場等之御都合向ニ而兩人御上坂相成居候御方御同伴之議承知いたし居候付木場左内ニ談合いたし置候間同人ニ御引合

次第差出都合ニ御坐候ニ付右之趣御通置被下度私ニハ今日二時比ゟ英人護送面會いたし度との事ニ而出掛ニ間今日御上京之譯ニ御坐候へハ得御面會不申歟も不計候付乍略義以書中奉得御意候頓首

十一月廿一日

追啓西之宮邊に御出掛之義ハいつれ明日より先ニ御坐候半歟と相考申候付其手筈ニ仕置候此段も卒度申上置候

〇一七九

御分袖以來不能御音信候處彌以御壯剛被成御座候半奉恐賀曾《晉カ》西亞公子之御客來ニ而又々珍談御座候半歟と奉遙察候色々御心配も被爲在候事と奉存候隨而少弟無異義罷在候處

副城公より

御巡幸之砌御建言相成候義ハ御聞及通之事候處再三御召相成候故其節より御斷可申上候とハ相考居候得共先　合罷在候處三條公ゟ御遣し之御書

面拜見仕候得は實に驚候次第ニて早速歸省之御願申立候仕合疾ク御聞取被下候半田中氏より是非書面相殘置候樣承候得共出立前ニは色々混雜いたし候故い十院氏ぃ委敷御賴申上置候而罷歸候義ニ御座候何卒御海恕可被下候罷歸候へハ其御地ニ而承候樣ニハ無之只小事申位ニて格別之譯も無之候少々物議ハ有之樣子ニ被相伺候得共何も心配仕候場合ニも不參事と推察仕候義ニ御座候間御安心可被下候罷歸候涯早速大山參事を以形行御屆仕候處前事を操返し申立候而は甚御迷惑之譯ニ候間罷下候趣意書面ニ相認申上候樣御沙汰有之候付書面共ニ認候譯ニハ無之勿論申分共いたし候趣意ニ而ハ無之一向不行屆處御斷可申上候旨申述候處是非書面ニ認候樣との事ニ御座候間罪を拵へ書調候處翌日ハ可能出旨屹と御達御座候付大山同伴ニ而出懸候へハ豈圖んや私之罪狀書御認相成居候間御詰問之次第何共言語ニ難申述ニてむちや之御論あきれ果候事に御座候高崎五六抔能登候故委敷御聞取可被下筈ニ細事ハ省略仕候其後何之樣子も不相分定而奈良

原之一左右御待被爲在候事と推量仕居候若御登之思召ニハ相違有之間敷と相考居申候扨篠崎眞平と申者兵器方附士ニて東海道口より戰爭ニも出張いたし隊長迄も相成居候處江戶ゟ張出し候後は組頭迄相成居候へ共開拓使之方ゟ懇望之事故願立候得共全体勤場有之相替候而ハ下等ニ落テ候義氣之毒之譯有之抔實說も承候由ニ而態と御斷申立歸國いたし候仕合ニて無役ニ相成候而此節又々是非願立候心体ニて罷登候付貴兄ゟ添書いたし吳候樣頻ニ承候間數々御願申上候譯ニ御坐候得共決而不正之人間ニ而ハ無之乍然才略有之者ニ而ハ無之ニ付何卒輕キ處ニ御召仕被下度依而御願申上候正直一篇之男ニて深功ニ差はまり居候付御煩勞を不顧奉願候宜敷御汲取可被下候此旨御願旁奉得御意候恐々謹言

西郷吉之助

黑田了介樣

尙々時分柄折角御自愛奉祈候追々細事可申上候當時ハ爰許ニ而ハ御國恩をさへ唱候得は至極之人物と申事ニ御座候故此流行可余程邪魔を成し可申と相考居申候必も一度ハこぶか出來可申候當地を肌持ハ格別相違いたし余程跡戻かいたし申候御察可被下候

○一八〇

芳翰忝拜誦仕候陳ハ乘船折角取揃居候付追付御荷物等積入方トメ人足差上可申候間其節積入場ヘ御出揃被下度此旨御報迄如此御坐候頓首

十月十九日　　西郷吉之助

中島作太郎樣
小澤庄次郎樣
貴酬

○一八一

與人役大體

一與人役の儀は島中にて纔に三人選ひ出され萬人の上に立ち候へは人民の司命を司ると申す場に相當り至つて重き職事に候與人一人事を誤まり候ても千萬人を誤ると申すものなれは一事たりとも愼しむ可き業に候一體頭役は人心を得候か第一にて其の人心を得候は我身を勤めて私慾を絶ち去り候事に候萬人の頭に立ち候へは下々の者は如何程無理を申し附け候てもいやなから違背難相成畏まる事に候へは與人役と申すは貴きものにて我儘に取扱はるゝものと心得ては忽ち萬人の仇敵と相成上役にては無之候役目と申す者は何樣の譯にて被相立候哉自分勝手を致せと申す儀にては無之第一天より萬民御取扱ひ被成候儀出來させられさる故天子を立てられて萬民それ〳〵の業に安むし候樣御扱ひ被成候へとの事に候へは天子御一人にて御届き不被成故諸侯を御立被成候て領分の人民を安堵致させ候樣御任せなされたる事に候へ共諸侯御一人にては國中の人民に御届き不被成故諸有司を御設け被成候も專ら萬民の爲に候へは役人に於

ては萬民の疾苦は自分の疾苦に致し萬民の歡樂は自分の歡樂と致し日々天意を欺かす其本に報い奉る處のあるをは良役人と申す事にて候若し天意に背き候ては卽ち天の明罰免かるゝ處なく候深く心を用ふ可きこと也
一、百姓は力を勞して本に報ゆるか職分役人は心を勞して本に報ゆるの職分にて力を勞するとは作職に骨折を致し年貢を滯らさす或は課役を勤むるか力を勞するにて御座候心を勞すると申すは百姓のたよりよき樣に取扱ひ呉れ候事にて凶年の防きを致したり作職の時節を取失はぬ樣仕向け候か心を勞すると申すものに候へは此の本意を能々合點して難儀の筋を省き呉れ候處專要の儀に御座候役人の取扱ひかよくて萬民怨嗟する事のなく候へは風雨旱疾の憂は無之ものに御座候萬民の心か卽ち天の心なれは民心を一やうに揃へ立つれは天意に隨ふと申すものに御座候人心調和致し候へは氣候循環致し候儀は的然たる事に御座候故頭役第一に心を可用所に候たとひ代官の下知にもせよ見す見す百姓いたみに相成る處は幾度も難澁の筋を申解いて納得の出來候樣心を盡し候か頭役の持前に候役儀は代官の賜物にては無之君公より與へ置かれし役職なれは代官の意に阿り不忠の塲に陷りて君公の御不德を釀出て候間能々汲分けて代官の仕事なれは我々の咎にあらすと心得てはたまく君公より與へ給ひし役職を大切に思はぬ不埒者にて我爲に祿を貪ると申すものに御座候勿論奉公の身の上は冒す事ありてかくす事なしとの聖言に候へは代官に對しても道理の上にて意に逆ふ事ありとも不敬の罪にては無之役人の節を失はぬと申すものなれは其辨へ肝要の事に候

○一八二

間切横目役大體

一、監察と申して諸役人は勿論萬事の目付役にて唯咎人を探し出したの口問か上手抔と申す事は枝葉の譯にて全體咎人の出來ぬやうにする處横目役の本意に御座候深く心を盡して咎に陷らぬ樣仕向け候か第一の事に候先つ鰥寡孤獨の者を憐み或は患難憂苦の者を惠み善行なる者を賞め尋ひ人々互に不便かる樣に仕立候事に御座候最も氣づく可き處は御役人取扱ひの善惡百姓の疾苦する所に御座候私曲をはたらきては取扱ひの上より して咎人にいたし成し候儀多く有之ものに候へは深く心を用ひて罪人の因つて起る所を審かに察するか肝要に御座候若し役人の取扱宜しからす しては萬人を苦め候罪もあり君を欺く罪もありて重罪に當るのみならす一人の盜人よりは格別重き事に御座候刑は無據設けたるわさなれは一人を罰して萬人を懲さしめんとの事に御座候輕き罪を重く罰し重き罪を輕目に取扱うては法を私すると申す場に相成りて人々法度を何とも思はぬやうに相成るものなれは萬人おそれつゝしむ處あるか第一の事に候

○一八三

社倉趣旨書

凶荒に備ふると云ふは豐年の時に致す事にて其仕樣は村々にて現夫のつ

らく〳〵に賦りつけては親疎もあるのみならす苦情も起り候半歟然れは第一作得の餘計を調へ家內の人數或は雜穀の餘分まて相考へ夫に應して出米割附け候はゝ人氣も宜敷自ら社倉の趣旨に基き仁恕の大意相立候半譬へは一箇村にて五石の米高に及はゝ二割の利付にては一箇年には一石の利米と相成るなれは右を本に相立て年々仕繰候へは三箇年には元利八石六斗四升に相成るへし五箇年には十三石餘の米高に相成候半其節は最初出來の分は銘々へ返し與へ利米はかりを以て右の手數にて仕繰り候はゝ人々不時の災難を救ひ又は癈疾の者をも愍み何歟救助の道相就く事にはあるましきか若し荒年に逢ひ候時は窮民は天の賜物と仰き候半然る時は積年の辛苦に引かへて如何計り嬉しきそやとれ程の陰德かも知るへからす自然百姓の上に立ち御役を勤め候は何の譯に候哉第一百姓の融通を致し呉れ候爲めには有之間敷哉凶年に臨みて饑亡に及ひ候を乍見唯安閑としし年柄の事なれは致方は無之と年柄に打まかせ候ては彌天より其罪役々

に歸し候儀相違あるましく畢竟此處古人も論判せられたりいつれも前以ての備へ肝要の事なり百姓は力を勞して御奉公を致し役々は心を勞して御奉公致すは天然の賦附に候へは心の限りを盡くすへき事に候若し五箇年に相滿たすして凶年に逢ひ候はゝ現在極難に不迫には頭出米外五部通り相重み分配致し又至極窮したるには一部相重候て相渡し翌年は重み丈の分を返米致候はゝ往々は非常の回米相備はり(以下腐蝕)

○一八四

善士文詩

予土持綱政之庶子而居于南島其先邦君事貴久公爲執政盡奉忠誠嘗君幼逢危急之厄當此時乎粉骨碎身以脫君之難是以邦家得全遂起中興之業有專勤勞矣予其苗裔而慷慨勵志所以異土人事也嘗聽麑府備不虞甚嚴矣予以爲雖生于草野之陋豈無忠義心乎殺身成仁不辱於家名有斯焉雖然萬里之波濤不可無船得涉也徒苦心志耳旣欲營船而無餘財歎息久矣奮然謂君父在麑府有日

前之禍如何不暇顧家乎故論下婢以實婢亦許諾焉故賣之以求償而一小船修成焉先是雖抛予身命爲忠義在家老母是亦所不可人情之忍也剛斷難制唯茫然熟考不可以實不告也一日告母曰食君之食避君之難非忠臣也生我不侍父之禍非孝子也於是二者所不可人倫之離也予冒萬死赴戰場而可全忠孝矣請免之乎嗚呼獨如何母之悲焉言未終而淚滿衣母聽之曰誠哉汝言乎幸而雖將士蹈忠義之道何喜苦之莫憂獨母快致死少無愁色自若勵聲曰速造船促之而最勉予聞之勇氣百倍志操愈固矣可惜衆人者貪利不知義予全忠義不顧其身子孫思之勉之

右代政照子述　　南洲

〇　一八五

染川實秀君墓碑銘

染川實秀君俗稱彥兵衞父實行俗稱伊右衞門母大島氏君爲人直諒而勇悍能諳練兵機每戰挺衆進鬪蓋戊辰之役官軍攻擊城州八幡實秀爲二番遊擊隊自

正面進擊而賊壘背八幡山傍澱水達壘只有一路焉故攻近爲敵所叢射實秀等乃伏路傍匍匐以漸進迫近忽起突壘氣勢甚猛烈賊盡披靡却走獲首虜甚多而實秀最有功焉自是賊軍沮懾不能復戰終東奔於是東征之

詔下三軍實秀亦爲四番隊自中山道指江戸時賊軍會議曰守江戸不如扼函關與碓井峠乃欲遣兵扼碓井峠實秀豫察其機晝夜兼行而疾進悉挫其計至武州簗田驛與賊兵會直突宿陣殲賊若干遂走之至江戸則慶喜出城獻兵器以謝罪自屛居於寬永寺然餘賊嘯集奧羽之間既攻取白川城其勢甚熾是以實秀等先諸軍向白川閏四月廿一日於下毛國塩崎村與賊軍會乃設伏破之翌廿二日又破之於百村追躡至板室殲賊將小笠原新太縱火聚落入太田原城而後次蘆野衆議攻白川城皆曰提孤軍而隣於敵城不如急擊若移時日使敵知我兵寡彼大得力日增其勢實秀等不肯曰白川奧羽要衝途通八方兩軍所共爭以此孤軍不可容易拔也僅待三日衆兵來會得此時三道攻擊之必可破矣衆不聽於是實秀憤激而發蘆野時閏四月廿五日昧爽分兵攻城實秀爲斥候隊先鋒而進城兵仙臺

會津棚倉純義隊會義隊新撰隊惣計三千餘邀戰城外自辰至午互前互却勝敗未決實秀等憤戰衝突一無不當百然賊兵席捲蜂擁而來遂繞自山路出衝我軍後焉實秀不少屈膽氣益壯乃携兵士數人拔刀逼塞殺賊數十人終中銃丸而死賊軍亦奪魄不能掩擊我軍乘此間收殘兵而歸其後拔白川城收遺骸而埋葬於白川長壽院送遺髮葬於興國寺蓋實秀之志操必摧敵不能摧焉則自斃而止而已矣嗚呼壯哉君之節嗚呼惜哉君之齡爰勒其梗概於貞珉以表不朽云

西　鄉　隆　盛謹誌

○一八六

橫山安武碑文

橫山安武稱正太郎森有恕之四子母隈崎氏出繼橫山安容之後爲人忠實而泛愛衆事親有婉容愉色之養而至于君則犯顏言人不能言者皆發忠愛之心矣安武在君側十餘年排因習革舊弊且欲使宮中爲一體論辯不止其言一時能行而下情上達官府無間隔者安武之功居多焉一日英艦來戰於鹿兒島人家數百罹兵

發安武之家亦逢其災邦君每戶賜金以救其急安武以多年勤勞之功特蒙賞賜安武恤故人貧苦無資給者乘夜以賜金竊投於其家而出窮家不知其故踊躍以爲天神之冥助也安武死後親戚朋友檢其日記始知安武所爲嗚呼爲已不謀爲名不投自發於至誠未聞如是人也安武任近侍專補導公子孜々不怠以爲成長於深宮恐疎下情切勸遊學而自隨行焉有故召公子還安武亦從而歸藩則被奪其職於是反身曰尙益勵志以修德業耳再請遊學始到西京又去至東京當此時朝廷百官遊蕩驕奢而誤事者多時論囂々安武乃慨然自奮謂王家衰弱之機兆于此矣苟爲臣子者不可不千思萬慮以救之然而雖尋常諫疏百口陳之力不能矯正則無寸益而已不如一死以諫之若有所感悟豈無小補乎乃作諫書陳舊弊事十條持至集議院挿之門扉退屠腹津輕邸門前實明治三庚午七月廿六日夜也拂曉門吏開門則有僵臥者以爲薩人也告諸藩邸邸吏到則安武也扶起入邸氣息未絕曰奉書集議院語僅通乃遣人問之於院答曰今朝院門有封書上于政府走歸以其狀告安武若自得焉者而卽瞑嗚呼以身當難安武平生之言果不食

也於是乎世人感安武之死諫空論忽止時變亦以漸而改惜哉安武以忠實之資未能大有爲而爲史魚之尸也噫

○一八七

送大山君東行序

長於人者其任重責厚矣何曰重且厚夫長於人者以身先事衆之所注目而效事苟不得其宜則謗之難之欲助之者寡矣故曰重且厚也且夫天下事有輕重難易而爲兵之長尤至重至難也今玆三月君將吾藩兵以赴東京嗚呼處其至重之任又赴至難之役臨別豈可無一言之贈乎君苟能知其任之重而事得其宜則破彼堅陣討巨賊何足爲憂乎此役也驅意馬攻心猿是其難焉古人有言上策莫若自治而浪戰爲最下不戰而誅人之不意上乘之勝也此其道非有奇計異術只推誠而已非理事之難理心實難矣其勉之哉是故三軍合志同誠則所向必克固不慮其成功是質此鬼神而無疑者也可不勉哉可不勉哉

○一八八

送木尾君日高君救仁鄕君三子之佛國序

三子者將行臨別不能無言而我豈特爲痛離群乎哉乃欲言之淚先下吾情猶見昔日戰亡之諸君而別也嗚呼雖彼人亡以此人代之彼魂魄必有保護焉何以得代彼人乎特有正氣焉彼正氣憤然發而覺焉子其維持正氣而行矣正氣所存一焉而已三子者往矣嗚呼正氣誰憚而不維持乎

伏乞

慈斧

西郷隆盛拜

○一八九

祭臺灣戰士者文

夫生者之有死自然之理豈逃之乎然死者人之所難焉獨臨大義棄之輕於鴻毛矣以其爲難者輕而棄之可謂交誼之至也此非依人之言强爲之者皆自感發而忘生衆人不期而歸一致所謂神盟者也是所以從事於臺灣之役也於是我徵集隊中一心同體猶右手有急左手不覺應之何待令爲之嗟乎當難戰急激之間一隊分離四方無暇救之憤戰衝突而終斃實不異刮吾骨剖吾肉歷年經月猶不可

堪切痛矣於是同隊保餘生者相會錄戰亡之姓名居是于席上永不失神盟之義而欲不以存亡有親疎願蹈大義謁於泉下必不噤口也請以之慰靈魂焉

西鄕隆盛謹誌

○一九〇

學校

盖學校者所以育善士也不只一鄕一國之善士必欲爲天下之善士矣夫戊辰之役正名蹈義血戰奮鬪而斃者乃天下之善士也故慕其義感其忠祭之于玆以皷舞於一鄕之子弟亦所以盡學校之職也

西鄕隆盛謹誌

○一九一

私學校の二ヶ條

一、道を同ふし義相協ふを以て暗に聚合せり故に此理を研究し道義に於ては一身を顧みす必す踐み行ふへき事

一、王を尊ひ民を憐むは學問の本旨然れは此天理を窮め人民の義務に臨みては一向難に當り一統の義を相立つ可き事

〇一九二

詩會への欠席を通する書面

以筆紙申入候本夜は連月の詩會野生も是非參列致度焦慮に候處生憎遠來之知己相見他出難出來候に付乍殘念欠席致候間御賢承相願候御詩料之一端とも相成可申と愚考候まゝ塵庭手栽の殘菊二三枝爲持上候間御叱留可被下候兼題に對する野詩左に錄呈致候間依例御删正奉希候取急右陳要詞而已如斯御座候不備

朔日　吉之助

天雨學契

吟壇

老圃殘黃菊　風霜獨不禁　正如陶靖節　彭澤官餘心

乞雅正

○一九三

送寺田君拜

伊勢神宮

一舍同眠兄弟情何圖匆卒去孤征吟節避暑侵朝發涼氣如秋入夜行內外神宮
瞻德至中興帝業禱功成他鄉送客無窮恨强擧金杯唱渭城

慶應丁卯秋七月十二日　南洲草

○一九四

偶成

驅兎穿林不（忘苦辛）顧身平生同（分）食犬能馴昔時田獵有三義勿道荒耽第一人　脇書ハ今藤宏之幷正

獵中逢雨

山行連日不知疲寂莫茅檐陰雨時（朧）群犬慰勞眠正熟獨因間榻懶吟詩

○一九五

石田三成

東西一決戰關原　鬢髮衝冠烈士憤　成敗存亡君休說　水藩先哲有公論

政照子賣僕以造船而備變感其志賦以贈

精神不滅昔人情　專顧君恩壯氣橫　開眼營船眞意顯　揮涙鬻僕俗緣輕
北堂貞訓能應奉　先祖忠勤當力行　畢生勉乎酬國事　無私純志挺群英

似政照子

平素眼前皆不平　情之相適異事情　偷安悖義如仇寇　禁欲効忠共死生
我許君君也許我　兄稱弟弟却稱兄　從來交誼知何事　報國輸身盡至誠

奉寄友實雅兄

如今常守古之愚　轉覺吏情世俗殊　規誨自然生戲謔　杯樽隨意極歡娯
同胞固慕藍田約　談笑尤非竹林徒　此會由來與孰倶　願令衰老出塵區

失題

平生蘭交分外清　今朝有約已斜陽　倚門倚戸相俟久　春夜長於秋夜長

偶成

不養虎兮不養豺　復是九州西一涯　七百年來舊知處　百二都城皆我儕
壓倒海南三尺劍　蹂躪天下七寸鞋　人若欲知我居處　永住麑城千石街

梅花

似笑凡桃競艷然　碧翁優遇百花先　風刀挾雪欲摧蕋　猶有節操餘香全

逸題

我家松籟洗塵緣　滿耳清風身欲仙　誤作京華名利客　此聲不聽已三年

同

山老元難滯帝京　絃聲車響夢魂驚　垢塵不耐衣裳汗　村舍避來身世清

逸題

官途逃去遠探奇　深嶺幽情筆硯隨　誰識浴餘行樂處　青山高澗宿雲披

失題

衝雨來叩雲外門　風光滿目對吟樽　相逢高興無他事　由來幽情仔細論

不二山畫賛

八朶芙蓉白露天　遼眸千里拂雲烟　百蠻呼國稱君子　爲有高標不二巓

元旦

破曉鐘聲歲月更　輕烟帶暖到柴荊　佳辰先祝君公壽　起整朝衣拜鶴城

中秋賞月

中秋步月鴨川涯　十有餘回不在家　自笑東西萍水客　明年何處賞光華

高崎五郎右衞門十七週忌賦供

一

不道嚴冬冷　偏憂世上寒　回頭今夜雪　照得斷腸肝

二

歲寒松操顯　濁世毒淸賢　對雪無窮感　空過十七年

失題

纔出都門稍散襟　緑陰樹下碧溪潯　未炊丹洞胡麻飯　朝暮穿林半隱心

山行

驅犬衝雲度萬山　豪然長嘯斷巖間　請看世上人心險　渉歴艱於山路艱

辛未作

朝蒙恩遇夕焚坑　人生浮沈似晦明　縦不回光葵向日　若無改運意推誠
洛陽知己皆爲鬼　南嶼浮囚獨竊生　一死何疑天附與　願留魂魄護皇城

偶成似友人

幽栖却似客天涯　緣底夜來介我思　誰識愁情尤切處　膝前遊戲夢嬰兒

失題

天歩艱難繋獄身　誠心豈無耻忠臣　遙追事跡高山子　自養精神不咎人

偶成

幾歴辛酸志始堅　丈夫玉碎耻甎全　我家遺法人知否　不爲兒孫買美田

一貫唯唯諾　從來鐵石肝　貧居生傑士　勳業顯多難　耐雪梅花潔　經霜楓葉丹　若能識天意　豈敢自謀安

亡友月照十七回忌辰

相約投淵無後先　豈圖波上再生緣　回頭十有餘年夢　空隔幽明哭墓前

日當山溫泉行

白髮衰顏非所意　壯心橫劍愧無勳　百千窮鬼吾何畏　脫出人間虎豹群

送友人礮隊長某赴任於奥羽戰役

從來素志燦交情　大義撑膓離別輕　一算投機扶百世　片言謬事斃千兵
必亡危害生疎暴　決勝奇謀發至誠　往矣愼哉雷火術　電光聲裡見輸贏

題兒島高德圖

吁嗟難舍范蠡功　先命投機志氣雄　十字血痕在花色　龍顏一笑認孤忠

送兵士之東京

王家衰弱使人驚　憂憤隕身千百兵　忠義凝成金鐵志　爲楹爲礎築堅城

感懷

獨不適事情　豈聽歡笑聲　雪耻論戰略　忘義唱和平　秦檜多遺類　武侯難再生　正邪今那定　後世必知淸

楠公

奇策名籌不可模　正勤王事是眞儒　憶君一死七生語　抱此忠魂今有無

谷文晁畫校書贊

常栖三絃對萬客　亦是一部小英雄

木戸松菊畫墨蘭贊

假在深山幽谷　芳香須傳四海

失題

幽境夢覺起茶煙　靈境溫泉洗世綠　地僻山深靜於夜　不聞人語只看天

偶感

我有千絲髮　毿毿黑於漆　我有一片心　皓々白於雪　我髮猶可斷　我心

不可截

将登船呈政照子

別離如夢又如雲　欲去還來涙紛々　獄裡仁恩謝無語　遠凌煙波痩思君

○一九七

蒙使朝鮮國之命

相逢如夢又如雲　飛去飛來悲且欣　一諾半銭耻季子　耋情夜思不忘君

酷吏去來秋氣清　鷄林城畔逐涼行　須比蘇武歳寒操　應擬眞卿身後名

欲告不言遺子訓　雖離難忘舊朋盟　胡天紅葉凋零日　遙拜雲房霜劍横

書懐

世俗相反處　英雄都相親　臨難無苟免　見利勿全循　齊過沾之已　同功

售之人　平生偏勉力　終始可行身

偶成

去來朝野似貪名　竄謫餘生不欲榮　小量應爲莊子笑　犠牛繋材待危烹

平尾山荘賦似高杉東行

雌鴿鷩雄戞戞聲　頻呼朋友勵忠貞　翕然器重邦家鼎　最仰尊攘萬古名

櫻井驛

幽香猶逗舊南山　千載芳名在此間　花謝花開櫻井驛　慇懃遺訓淚盈顏

述懐

みたれたる糸のすち〳〵繰返し
いつしか解る御世と成覧

題しらす

結ほれし心のこほり解やらて
春ならぬ春に春はきにけり

操ぬしのおもきおほやけ事のつかひに選まれて船出し侍るを送るとて

君かため深き海原ゆく船を

あらくな吹そしなとへのかみ

諸人のまことの積る船なれは

行くもかへるも神や守らむ

題しらず

東風吹かは花やちるらん橘の

香をは袂につゝみしものを

失　題

建業唯期和蘭東　闘争獨希名勒翁　半宵提劍望月　今古興亡兩眼中

偶　成

世上毀譽輕似塵　人生百事僞歟眞　追思孤島幽囚樂　不在今人在古人

○　一九八

南州手抄言志録

秋月種樹偶評

勿認游情以爲寬裕勿認嚴刻以爲直諒勿認私欲以爲志願

毀譽得喪眞是人生之雲霧使人昏迷一掃此雲霧則天青日白

德川慶喜公爲勤王之臣爲幕吏所要爲朝敵猶南洲爲勤王之臣不克終也

公宥罪敍位南洲永蒙反賊之名悲夫

唐虞之治只是情一字極而言之萬物一體不外於情之推

南洲帥官軍發京師有婢惜別至伏水兵士環視之南洲自輿中招之拊其背

曰好在出金於懷中與之旁若無人兵士太服其不匿情幕府築砲臺於神奈

川不許外人來觀木戶公雜役徒自荷畚觀之有茶店老嫗知公非常人及公

得志厚報之皆情之推也

凡作事須要有事天之心不要有示人之念

憤一字是進學機關舜何人也予何人也方是憤著眼高則見理不岐

三條公與西三條東久世諸公走長門謂之七卿脫走幕府竄之于宰府旣而

憂七卿募勤王之士欲乱國家有幽浪華之議南洲等力拒之事終熄南洲語

人曰七卿中佗日任關白者必三條公也果然

性同而質異質異敎之所由設也性同敎之所由立也

喪己斯喪人喪人斯喪物

士貴獨立自信矣依熱附炎之念不可起

慶應三年九月山內容堂公以寺邨左膳後藤象次郎爲使呈書於幕府曰中古以還政刑出於武門及洋人來航物議紛々東攻西擊內訌嘗無戢時終至招外國之輕侮此政令出于二途異天下耳目之所屬故也今也時勢一變不可墨守舊規宜還政權於王室以建萬國竝立之基礎是則當今之急務而容堂之至願也幕下之賢必有察之他日幕府之還政權其事實本于公之呈書也當時幕府雖既衰威權未墜地公抗論不忌可謂有獨立之見矣

有本然之眞已有軀殼之假己須要自認得

南洲病胃英醫偉利斯診之勸勞動南洲自是游獵於山野人或無病牽犬逐兎自謂學南洲疎矣

雲煙於不得已風雨洩於不得已雷霆震於不得已斯可以觀至誠之作用
動於不得已之勢則動而不括履於不可枉之途則履而不危
官軍伐江戸闔西諸侯出兵從之先是尾藩有欲援宗家者私通聲息於江戸
尾公患之與田中不二麿丹羽淳太郎等議下大義滅親之令實出于不得已
之擧一藩之方向以定矣
聖人如强健無病人賢人如攝生愼病人常人如虛羸多病人
急迫敗事寧耐成事
大阪城陷德川慶喜公乘火船歸江戸召諸侯告侯罪之狀余時在江戸特召
別廳告曰事至于此無可言聞汝將入京請爲吾致恭順之意余發江戸抵桑
名過柳原前光公督軍而至余爲告之及至京師見松平春獄公又告之慶喜
公在江戸城衆皆逼之請以死守城公不聽赴水戸近臣二三十名從焉衆無
奉以爲主或散之四方或據上野若使公無耐忍之力共怒而擧事則府下悉
爲焦土假令遷都其極盛大如今日實難矣然則公忍于常人之所不能忍其

功亦多矣舊藩士曰高誠實時有句云功烈尤多前內府至尊直在鶴城中

聖人安死賢人分死常人恐死

賢者臨歿見理當然以爲分恥畏死而希安死故神氣不亂又有遺訓足以聳聽而

其不及聖人亦在於此聖人平生言動無一非訓而臨歿未必爲遺訓視死生眞如

晝夜無所著念

十年之役私學校徒掠彈藥製造所㑹洲時逐兎於大隅山中聞之猝變色曰

誤矣爾後轉戰肥後日向神色夷然

堯舜文王其所遺典謨訓誥皆可以爲萬世法何遺命如之至於成王顧命曾子善

言賢人分上自當如此已因疑孔子泰山之歌後人假托爲之檀弓叵信多此類欲

尊聖人而却爲之累

一部歷史皆傳形迹而情實或不傳讀史者須要就形迹以討出情實

博聞强記聰明横也精義入神聰明竪也

生物皆畏死人其靈也當從畏死之中揀出不畏死之理吾思我身天物也死生之

權在天當順受之我之生也自然而生生時未嘗知喜矣則我之死也應亦自然而死死時未嘗知悲也天生之而天死之一聽于天而已吾何畏焉吾性卽天也軀殼則藏天之室也精氣之爲物也天寓於此室遊魂之爲變也天離於此室死之後卽生之前生之前卽死之後而吾性之所以爲性者恆在於死生之外吾何畏焉夫晝夜一理幽明一理原始反終知死生之理何其易簡而明白也吾人當以此理自省焉畏死者生後之情也有軀殼而後有是情不畏死者生前之性也離軀殼而始見是性人須自得不畏死之理於畏死之中庶乎復性焉

幕府逮勤王之士南洲及伊知地正治海江田武治等尤爲其所指目僧月照甞啣近衞公密命至水戶幕吏索之亦急南洲知其不免相共奔鹿兒島一日南洲訪月照宅此夜月色淸輝預具酒饌泛舟於薩海南洲及平野次郎與一僕從焉月照立船頭朗唫和歌示南洲如有所首肎者遂相擁投海次郎等聞水聲起倉皇極月照既死而南洲得蘇南洲終身憾不與月照死云

誘掖而導之敎之常也警戒而喩之敎之時也躬行以率之敎之本也不言而化之

敎之神也抑而揚之激而進之敎之權而變也敎亦多術矣

間想客感由於志之不立一志旣立百邪退聽譬之淸泉涌出旁水不得渾入

政府欲復郡縣之治木戸公南洲尤主張之或見南洲說之南洲曰諾其人又說之南洲曰吉之助之一諾死以守之不交他語

心爲靈其條理動於情識謂之欲欲有公私情識之通於條理爲公條理之滯於情識爲私自辨其通滯者即便心之靈

人一生所遭有險阻有坦夷有安流有驚瀾是氣數自然竟不能免即易理也人宜居而安玩而樂焉若趨避之非達者之見

或讒岩倉公佐幕公薙髮蟄居岩倉邨大橋愼三香川敬三玉松操北島秀朝等知公之志深相結納焉南洲及大久保公木戸公御藤象次郎阪本龍馬等迎公於洛東任朝政公旣在職屢爲刺客所狙擊危難累至而毫不趨避

心之官則思思字只是工夫字思則愈精明愈篤實自其篤實謂之行自其精明謂之知知行歸於一思字

處晦者能見顯據顯者不見晦

取信於人難也人不信於口而信於躬不信於躬而信於心是以難

南洲爲守庭吏島津齊彬公見其眼光炯炯射人以爲非凡人拔擢用之公嘗作書命南洲致之水戸烈公初不加封緘烈公答書亦然

臨時之信累功於平日平日之信收效於臨時

南洲爲官軍先鋒抵品川勝安房大久保一翁山岡鐵太郎見之具陳慶喜侯罪狀請弛討伐安房素知南洲說之甚力乃傳令諸軍止攻擊

信孚於上下天下無甚難處事

意之誠否須於夢寐中事驗之

南洲弱冠時謁藤田東湖重瞳子軀幹魁傑黃麻外套佩朱室長劍邀南洲一見瞿然乃入室內屬一大白侑酒南洲素不解飲强盡之忽酩酊嘔吐汚席東湖見南洲朴率無飾酷愛之嘗曰他日繼我志者獨此少年子而已南洲亦曰天下眞無可畏者唯可畏者東湖一人而已二子之言夢寐相感者與

不起妄念是敬妄念不起是誠

因民義以激之因民欲以趨之則民忘其生而致其死是可以一戰

兵數孰衆器械孰精糧食孰積以之數者較之薩長之兵固不及幕府也然而伏水一戰東兵披靡者何也南洲及木戸公等之策因民欲趨之也是以有破竹之勢

漸必成事惠必懷人如歴代姦雄有竊其祕者一時亦能遂志可畏之至

匿情似愼密柔媚似恭順似剛愎似自信故君子惡似而非者

事君不忠非孝也戰陣無勇非孝也曾子孝子其言如此彼謂忠孝不兩全者世俗之見也

十年之難賊精鋭聚熊本城下而援軍未達谷中將以死守之不動賊勢遂屈不能東其兵也昔者加藤嘉明有言曰斬將搴旗氣盛者能之而非眞勇也守孤城於無援保孱主於衆喙非律義者不能故眞勇必出於律義者尾藤孝肇曰律義蓋謂直而有信余謂守孤城於無援者如谷中將而可矣嗚呼中將忠

且勇而孝在其中矣

不可誣者人情不可欺者天理人皆知之蓋知而未知

榎本武揚等五稜郭之兵已敗以海律全書二卷贈我海軍云是嘗學于荷蘭

所獲惜與身倶滅武揚不可誣之情達天聽宥其死寵用天理也

知是行之主宰乾道也行是知之流行坤道也合以成體軀則知行是二而一一而二

學貴自得人徒以目讀有字之書故局於字不得通透當以心讀無字之書乃洞而有自得

孟子以讀書爲尙友故讀經籍即是聽嚴師父兄之訓也讀史子亦卽與明君賢相英雄豪傑相周旋也其可不清明其心對越之乎

爲學緊要在心一字把心以治心謂之聖學爲政著眼在情一字循情以治情謂之王道王道聖學非二

治兵對抗互有勝敗兵士或爲負傷者之狀醫故診察之兵士初惡爲負傷者

一日
聖上親臨撫負傷者賜恩言自此兵士願爲負傷者由是觀之馭兵亦不外於情也

發憤忘食志氣如是樂以忘憂心體如是不知老之將至知命樂天如是聖人與人不同又與人不異

講說聖賢而不能躬之謂之口頭聖賢吾聞之一惕然論辨道學而不能體之謂之紙上道學吾聞之再惕然

學稽諸古訓問質諸師友人皆知之學必學諸躬問必問諸心其有幾人耶

以天而得者固以人而得者脆

君子自慊小人自欺君子自彊小人自棄上達下達落在一自字

人皆知問身之安否而不知問心之安否宜自問能不欺闇室否能不愧衾影否能得安穩快樂否時時如是心便不放

某士面南淵求仕宦南洲曰汝求俸給幾許某曰可三十圓南洲乃與三十圓

曰與汝一月俸金汝宜向汝心問我才力如何其人不復來

無爲而有爲之謂誠有爲而無爲之謂敬

寛懷不忤俗情和也立脚不墜俗情介也

惻隱之心偏民或有溺愛殞身者羞惡心偏民或有自經溝瀆者辭讓之心偏民或有奔亡風狂者是非之心偏民或有兄弟鬩牆父子相訟者凡情之偏雖四端遂陷不善故學以致中和歸於無過不及謂之復性之學

如江藤新平前原一誠等皆爲維新之功臣勤王無二官至參議極人臣之榮然而前後皆爲亂伏誅惜夫豈有四端之偏者邪

此學吾人一生負擔當斃而後已道固無窮堯舜之上善無盡孔子自志學至七十毎十年自覺其有所進孜孜自彊不知老之將至假使其踰耄至期則其神明不測想當爲何如哉凡學孔子者宜以孔子之志爲志

自彊不息天道也君子所以也如虞舜孳々爲善大禹思曰孜々成湯苟日新文王不遑暇周公坐以待旦孔子發憤忘食皆是也彼徒事靜坐瞑坐而已則與此學脈

背馳

自彊不息時候心地光々明々有何妄念游思有何嬰累罣想

三條公在筑前或人察其旅況無聊進美女公郤之某氏開宴設女樂公怫然去

提一燈行暗夜勿憂暗夜只賴一燈

伏水開戰砲聲聞大內逾激逾近岩倉公問南洲曰勝敗何如南洲答曰西鄉隆盛在焉勿憂

倫理物理同一理也我學倫理之學宜近取諸身即是物理

濁水亦水也一澄則爲清水客氣亦氣也一轉則爲正氣逐客工夫只是克己只是復禮

南洲壯時好角觝每與壯士角人苦之其爲守庭吏庭中設土豚不事掃除既而慨然以天下自任屈節讀書遂成復古之大業矣

理本無形無形則無名矣形而後有名既有名則理謂之氣無不可故專指本體則

形後亦謂之理專指運用則形前亦謂之氣竝無不可如浩然之氣專指運用其實
太極之呼吸只是一誠謂之氣原即是理
物我一體即是仁我執公情以行公事天下無不服治亂之機在於公不公周子曰
公於己者公於人伊川又以公理釋仁字餘姚亦更博愛爲公愛可幷攷

余嘗記木戶公之言曰會津藩士性直可用非長人之所及也夫會者長之敵
也而其言如此可以知公之處事皆公平也

尊德性是以道問學即是尊德性先立其大者則其知也眞能廸其知則其功也實
畢竟一條路往來耳
周子主靜謂心守本體圖說自註無欲故靜程伯子因此有天理人欲之說叔子持
敬工夫亦在此朱陸以下雖各有得力處而畢竟不出此範圍不意至明儒朱陸分
黨如敵讐何以然邪今之學者宜以平心待之取其得力處可也
象山宇宙內事皆已分內事此謂男子擔當之志如是陳澔引此註射義極是

南洲嘗從東湖而學當時所書今猶存民間曰一寸英心敵萬夫蓋以復古之

業爲擔當維新征東之功實識於此矣末路再成識可悲夫

講論語是慈父敎子意思講孟子是伯兄誨季意思講大學如綱在綱講中庸如雲出岫

易是性字註脚詩是情字註脚書是心字註脚

獨得之見似私人驚其驟至平凡之議似公世安其狃聞人言宜虛懷而邀之勿苟安狃聞可也

心理是竪工夫博覽是橫工夫竪工夫則深入自得橫工夫則淺易汎濫

讀經宜以我之心讀經之心以經之心釋我之心不然徒爾講明訓詁而已便是終身不曾讀

引滿中度發無空箭人事宜如射然

前人謂英氣害事余則謂英氣不可無但露圭角爲不可

刀槊之技懷怯心者衂賴勇氣者敗必也泯勇怯於一靜忘勝負於一動動之以天廓然太公靜之以地物來順應如是者勝矣心學亦不外於此

長兵敗於京師木戸公寄岡部氏得免禍後赴丹波變姓名混博徒交酒客以窺時勢南洲寓浪華某樓幕吏捜索至樓下南洲乃托觀劇僦舟逃去此皆泯勇怯忘勝負者也

無我則不獲其身卽是義無物則不見其人卽是勇自反而縮者無我也雖千萬人吾往矣無物也

三軍不和難以言戰百官不和難以言治書云同寅協恭和衷哉唯和一字一串治亂

復古之業成於薩長合縱先是土人阪本龍馬患薩長之不和抵薩邸說大久保西郷諸氏又抵長邸說木戸大郁諸氏薩人黑田大山諸氏至長々人木戸品川諸氏往薩而後和成致維新之鴻業

凡事有眞是非有假是非假是非謂通俗之所可否年少未學而先了假是非迨後欲得眞是非亦不易入所謂先入爲主不可如何耳

果斷有自義來者有自智來者有自勇來者有幷義與智而來者上也徒勇而已者

殆矣

關八州自古稱用武之地與世王雖反逆猶說將門據之小田原之役豐公謂德川公曰東方有地曰江戸可以開都府一新之始大久保公獻遷都之議曰官軍雖已勝東賊猶未滅宜以非常之斷行非常之事先見之明可謂智矣

公私在事又在情事公而情私者有之事私而情公者有之爲政者宜權衡人情事理輕重處以用其中於民

南洲據城山官軍植柵守之山縣中將寄書南洲極言兩軍殺傷之慘南洲見其書曰我不負山縣斷然就死中將視南洲之元曰惜夫天下一勇將流涕久之噫公私之情盡矣

愼獨工夫當如身在稠人廣坐中一般應酬工夫當如閒居獨處時一般心要現在事未來不可邀事已往不可追纔追纔邀便是放心

物集於其所好人也事赴於所不期天也

人貴厚重不貴遲重尙眞率不尙輕率

南洲接人不妄交語人憚之然及知其人則傾心援之非其人終身不言

凡生物皆資於養天生而地養之人則地氣之精英吾欲靜坐以養氣動行以養體氣體相資以養此生所以從地而事天

維新之業雖由三藩兵力抑養之有素曰名義也曰名分也或云維新之功基於大日本史及日本外史亦不爲無理也

凡爲學之初必立欲爲大人之志然後書可讀也不然徒貪聞見而已則或恐長傲飾非所謂假寇兵資盜糧也可虞

以眞己克假己天理也以身我害心我人欲也

無一息間斷無一刻怱忙卽是天地氣象

木戸公每旦拜考妣木主身雖居煩劇不少怠三十年間如一日

有心於無心工夫是也無心於有心本體是也

不知而知者道心也知而不知者人心也

心靜方能知白日眼明始會識青天此程伯子之句也青天白日常在於我宜揭之

坐右以爲警戒

靈光充體時細大事物無遺落無遲疑

決死者薩之所長也說公義者士之俗也維新之初有一公卿往南洲之所說復古之事南洲曰夫復古非易事也且九重阻絕不得妄通藩人必也有縉紳致死則事或成矣又往後藤象次郎說之象次郎曰復古非難也然非廢門地罷門閥擧賢無方則不可二人之本領自見矣

人心之靈如大陽然但克伐怨欲雲霧四塞此靈烏在故誠意工夫莫先於掃雲霧仰白日凡爲學之要自此而起基故曰誠者物之終始

胸次清快則人事百難亦不阻

人心之靈主於氣々體之充也凡爲事以氣爲先導則擧體無失措技能巧藝亦皆如是

靈光無障碍則氣乃流動不餒四體覺輕

英氣是天地精英之氣聖人蘊之內不肎露諸外賢者則時々露之自餘豪傑之士

全然露之若夫絶無此氣者爲鄙夫小人碌々不足算者爾
人須著忙裏占間苦中存樂工夫
南洲居岩崎谷洞中砲丸如雨不能出洞口有詩云百戰無功半歳間首邱幸得返家山笑儂向死如仙客盡日洞中棋響間所謂忙中占間者然亦可以知其無戰志矣余有句云可見南洲無戰志砲丸雨裡間牽犬是實錄也
凡區處人事當先慮其結局而後下手無楫之舟勿行無的之箭勿發
朝而不食則晝而饑少而不學則壯而惑饑者猶可忍惑者不可奈何
今日之貧賤不能素行乃他日之富貴必驕泰今日之富貴不能素行他日之患難必狼狽
南洲雖居顯職負勳功身極質素朝廷所賜賞典二千石悉充私學校費有貧困者傾囊賑之其自視欿然如微賤之時
雅事多是虛勿謂之雅而耽之俗事却是實勿謂之俗而忽之
歷代帝王除唐虞外無眞禪讓商周已下秦漢至於今凡二十二史皆以武開國以

文治之因知武猶質文則其毛彩虎豹犬羊之所以分也今之文士其可忘武事乎遠方試步者往々舍正路趍捷徑或繆入林莽可嗤也人事多類此特記之

智仁勇人皆謂大德難企然凡爲邑宰者固爲親民之職其察奸匿矜孤寡折强梗卽更三德實事宜能就實迹以試之可也

身有老少而心無老少氣有老少而理無老少須能執無老少之心以體無老少之理

幕府欲禍南洲藩侯患之竄南洲於大島南洲貶竄前後數年而身益壯氣益旺讀書自是大進云

南洲手抄言志錄終

解題

藤井貞文

日本史籍協会刊行の『西郷隆盛文書』は、当初、公刊のために『西郷隆盛書翰集』と題して編纂したもので、その収録した書翰は、如何なる規準で選び、出典は何処か、と言うようなことに就ては、今日では明かにすることができない。隆盛の書翰集は大正十五年刊の大西郷全集刊行会編『大西郷全集』三冊、昭和十五年刊の渡辺盛衛編『大西郷書翰大成』五冊が世に行われている。協会本と是等の全集本、あるいは偶〻過眼した自筆とを対比すると、多少ずつの異同が存するが、併しその全面的な対校訂正は時間の関係から遺憾ながら不可能である。依て一先ず『大西郷全集』所収の書翰と対校して次に異同を掲げることとした。

西郷隆盛文書 頁・行数	項目	大西郷全集 巻・頁・行数	対照項目
一・三	直接に	一・一八・三	切々
一・五	痢病	一・一八・六	痔病
一・六	出仕	一・一八・七	出勤仕
一・七	歩まれず	一・一九・一	歩まれ不申
一・一〇	被申間敷	一・一九・四	不申間敷
二・一	具足	一・一九・五	革具足
二・一	取合申候	一・一九・五	受合居申候
二・二	送飛脚	一・一九・七	いまだ飛脚
二・三	到着不申	一・一九・七	当着迄に日を急ぎ不申候
二・三	此旨兼而	一・一九・八	此旨荒々
四・一	不可有休期	一・八三・一	不可休期
四・三	御祝詞	一・八三・三	御祝
七・四	御礼	一・二四七・五	御礼儀

七・五	出来不申
七・六	相調間敷
八・二	恐縮候
八・二	徳より
八・四	有志を
八・七	可成下候
八・七	殿からしより
八・八	世中おかし
八・一一	桂宇右衛門
一一・九	追啓上
一一・九	奉希上候
一一・一一	今日
一二・四	二通昨春
一二・四	折悪
一二・五	出足仕候
一二・七	返而

一・二四七・六	出来不申位
一・二四七・七	相調申間敷
一・二五〇・二	恭賀候
一・二五〇・三	徳之島より
一・二五〇・五	ヽヽを
一・二五〇・八	可被成下
一・二五一・一	殿ヽヽヽより
一・二五一・二	ヽヽおかし
一・二五一・五	桂右衛門
一・二五五・四	追啓
一・二五五・四	奉希候
一・二五六・一	今日も
一・二五七・四	適昨春
一・二五七・四	折悪敷
一・二五七・六	出立仕候
一・二五七・七	随而

一二・八	可。遣
一二・八	宿許へ亦。
一二・九	相著。し。
一三・一	英船来著いたし
一三・一	粗承る。
一三・五	傍観之。いはれ
一三・六	本。心
一三・一二	仕合之訳。に
一三・一三	可。参候
一四・一	相。届候。御。者。
一四・二	廉。々。
一四・二	可有御坐。
一四・三	木藤源右。衛門
一四・三	御。同郷
一四・四	来三月迄に。
一四・四	与論島。に

一・二五八・一	被。遣
一・二五八・二	宿許へも。
一・二五八・三	相着。候。て。
一・二五八・六	英船数。艘。来着いたし
一・二五八・七	粗承候。事。
一・二五九・一	傍観仕。候。いはれ
一・二五九・二	赤。心
一・二五九・九	仕合の事。に
一・二五九・一一	被。参候
一・二六〇・一	御。届被。下。候。得。ば。
一・二六〇・二	廉。に。も。
一・二六〇・二	可有御座。候。
一・二六〇・三	木藤源左。衛門
一・二六〇・四	旧。同郷
一・二六〇・五	来三月迄は。
一・二六〇・五	与論詰。にて

一四・五	態と申残候
一四・六	沖之永良部島より
一四・一〇	楽出来のものに
一五・八	内よりも此涯
一五・一二	相加へて
一六・二	人に些
一六・三	居候
二〇・四	申上候
二〇・一二	弟一子
二一・九	一筆致啓達候
二一・一〇	御放慮
二一・一〇	其許へ
二一・一二	御座候其許出帆
二一・一二	大島竜卿へ翌
二二・一	安著致候処皆大喜の

一・二六〇・六	心事態と申残候
一・二六〇・七	沖之永良部より
一・二六一・一	楽も出来候ものに
一・二七七・三	内なり共此涯
一・二七七・八	相成候はゞ
一・二七七・一〇	人々些
一・二七七・一一	居申候
一・二八〇・一	申候
一・二八一・三	弟子
一・三一八・一	一筆啓上致候
一・三一八・二	御放念
一・三一八・三	其許に
一・三一八・五	御座候家内共よりも厚く御礼申上候様承候
	事に御座候其元出帆
一・三一八・六	大島竜郷翌
一・三一八・六	安着致皆々大悦の

二二・三	安著致候雨天にて	一・三一九・一	安着致候親類の悦御察可被下候今日出帆にて上京候処雨天にて
二二・七	不申尽候ては不相分事に御座候間得と	一・三九三・三	不申尽急々の事故に御座候間得と
二二・一一	伏見におひて堅	一・三九三・六	伏見におひて会津の堅
二三・二	如何儀も	一・三九四・四	為何儀も
二三・六	可相成	一・三九五・一〇	可相慎
二三・七	の儀は被仰附儀も	一・三九五・一一	の儀は如何にも御免被仰付筋も
二三・一〇	兵器を携帯	一・三九七・一	兵器を携へ来り
二三・一一	甚以不敬	一・三九七・三	甚以不遵の
二四・四	被出候	一・三九八・五	被吐候
二五・二	可申上筋に	一・四〇一・二	可申一筋に
二五・三	長州を救ふよりも会津を助けんにやならん杯	一・四〇一・四	長州を救ふがよいの会津を助けんにやならん杯
二五・七	以被為達	一・四〇二・一〇	以被相達
二六・四	大和守儀水戸殿之	一・四〇四・二	大和守水戸殿之
二六・六	再役之向に	一・四〇四・八	再職の向に

二六・一〇	可相拘にも
二六・一〇	此節は
二六・一一	勅諭。を
二六・一二	服。合候
二七・八	面見込
二七・八	被相聞々。申候
二七・九	其。丈は
二八・一	早く。は。
二八・三	御宜は
二八・七	(尚書なし)
二八・八	方々相尋候
二八・九	不被叶段
二九・一	がよかったと
二九・一	一箱進上仕候
二九・二	御供。

一・四〇六・二	可相拘訳。にも
一・四〇六・二	此節の。議。は
一・四〇六・七	勅命。を
一・四〇六・一一	待。合候
一・四〇八・七	面々。見込
一・四〇八・八	被相聞申候
一・四〇八・九	是。丈は
一・四一〇・一	早く候。に。は。
一・四一〇・四	御宜敷。は
一・四一〇・一〇	「尚々動も不動も信義名分上におひて間違は不仕出候間是丈けは御安心可被下候」
一・四八八・二	方々為。相尋候
一・四八八・三	不被為。叶段
一・四八八・七	がよろ。し。かったと
一・四八八・八	一箱御。悔。為。可。申上進上仕候
一・四八八・八	御揃。

二九・五	御受仕	一・五四四・二	御受仕儀。
二九・九	相成候	一・五四五・二	相成候間。
二九・九	御。思食	一・五四五・三	思食
二九・一〇	御汲。取	一・五四五・四	御取成。
二九・一〇	可被下候貴兄	一・五四五・四	可被下候決。て。私。の。物。好。に。て。は。無。御。座。候。付。其。辺。は。深。く。御。汲。取。可。被。下。候。貴兄
二九・一一	御。申越	一・五四五・八	。は申越
二九・一	大。島。吉之助	一・五四五・一〇	吉之助
二九・二	大。久。保。一蔵様	一・五四五・一一	一蔵様
二九・六		一・五四四・一	註　協会本一四四号文書の別書
三〇・二	註　（追啓なし）	一・五四六・一	「追啓上戦争に付御感状並御刀等拝領被仰付其上御役替をも蒙仰何とも恐入次第に御座候」
三〇・五	正月朔。日	一・六一四・四	正月元。日
三〇・七	御勤務。	一・六三一・一	御勤仕。
三〇・八	御昇の段	一・六三一・二	御昇進。の段

三〇・八	拙者事も	一・六三一・三	拙者にも
三〇・九	就ては	一・六三一・三	然れば
三〇・一〇	麑府著	一・六三一・五	麑着
三〇・一〇	出立致候	一・六三一・五	出立候
三〇・一一	津端	一・六三一・六	津畑
三〇・一一	不帰著	一・六三一・六	不帰付
三一・一	為態	一・六三一・七	為体
三一・五	其後夏	一・六三二・五	昨年夏
三一・六	大幸之至りに	一・六三二・七	大幸の事に
三一・六	御存の	一・六三二・七	御存知の
三一・六	現事に臨みては	一・六三二・八	現事に望候ては
三一・七	真に	一・六三二・九	実に
三一・一〇	委細	一・六三三・四	委鋪
三一・一三	戦場とは	一・六三三・八	戦場の事と
三二・一	其牢中	一・六三三・一一	其後牢中
三二・三	御座候	一・六三四・三	御座候以上

三二・七	賦に而	一・六三九・二	賦に
三二・九	此進発	一・六三九・五	御進発
三三・四	註　本書は全集本に依れば、前号文書の別紙なりと云ふ。		
三五・五	樋口謙吉	一・六四三・三	樋口廉吉
三五・一一	大束菅之介	一・六四三・一一	大来菅之助
三六・一	乗込候	一・六七三・一	乗廻候
三六・二	異人とは	一・六七三・二	異人と
三六・三	其尋之事歟	一・六七三・三	其等の事か
三六・四	上洛と申説は	一・六七三・四	上洛とかの説は
三六・四	虚触	一・六七三・五	虚唱
三六・五	此旨	一・六七三・五	此段
三六・一〇	御頼	一・七九四・三	御願
三九・一〇	制度上に	一・八九八・七	制度に
三九・一〇	候へは	一・八九八・七	候て
四〇・七	被致	一・八九九・一〇	為致

四〇・一三	見受申候	一・九〇〇・六	見受候
四一・五	絶し候	一・九〇一・一	施し候
四三・一〇	親ミ	一・九〇四・七	親の
四四・五	被相見得	一・九〇五・六	と相見得
四四・九	候て	一・九〇五・一一	候はゞ
四五・九	割服	一・九〇七・五	割腹
四七・二	之通	二・七一・一	壱通
四七・二	右者約束に而	二・七一・一	約条書にて
四七・二	候間	二・七一・二	御座候間
四七・二	註　（二行割註存せず）	二・七一・三	此の内末の状に〇と有之候は玉の事に御座候
四七・四	以書中奉得御意	二・七一・五	以書中得御意
四八・六	有之候節	二・七三・三	有之節
四八・八	慶応三年丁卯十一月十八日長州三田尻に於て執筆広沢兵助	二・七三	註「毛利広封の隆盛に与へたる書」とし、その「自ら書し」たものとする。
四八・一一	為衛	二・七二・二	守衛

四八・一三	守。任	二・七二・三	専。任
四九・一	京都。と。	二・七二・四	京師。を。
四九・一一	写を	二・一〇〇・二	写取。を
四九・一一	御通知	二・一〇〇・三	御通
五〇・四	武吉。	二・一四一・一〜二	武橘。
五〇・五	奸物相拒	二・一四一・三	奸相拒
五〇・六	不相叶	二・一四一・三	不相行
五〇・七	いたし居候処	二・一四一・四	いたし候て
五〇・七	被相究居折	二・一四一・五	被相究右折
五〇・八	関七郎	二・一四一・五	関太。郎
五〇・八〜九	御留主。居	二・一四一・六〜七	御留守。居
五〇・九	御屋敷内に。	二・一四一・七	御屋敷内へ。
五〇・一〇	との事。と	二・一四一・八	との趣。と
五一・三	廿二。日	二・一四二・七	二。十。三。日
五一・四	浪士共に。	二・一四二・八	浪士共え。
五一・九	申出候。義	二・一四三・二〜三	申出置。候。義

五一・一二	御屋敷に罷在	二・一四三・六	乙名敷罷在候
五二・二	其節に出帆	二・一四三・一〇	其節に望ミ出帆
五二・七	登京之模様有之候	二・一五四・二	登京の節有之候
五二・一二	註（十五字存せず）	二・一五五・一～二	此旨御報迄早々如斯に御座候、頓首。
五三・三	―一蔵様	二・一五五・五	―一蔵様要調
五三・四	開立の基	二・一六四・四	開立基
五三・四	兵士の進も	二・一六四・四～五	兵士の進退
五三・五	実に感心	二・一六四・五	実感心
五四・一一	相達候	二・二三一・一	相達申候
五四・一二	静寛院宮と申して	二・二三一・四	静寛院と申ても
五五・一	相済事と	二・二三一・六	相済候候事と
五五・三	例の	二・二三三・二	併し
五五・四	（なし）	二・二三三・六	以上
五五・五	二月三日	二・二三三・七	二月二日
五六・一一	五月一日	二・三三四・七	（日附なし）
五六・一二	―一蔵様	二・三三四・八～九	一蔵様要詞

五七・四	筈にては	二・四二九・五	筈にて
五七・六	共は	二・四二九・七	共…
五八・五	間に	二・四三九・七	間へ
五八・八	…へ探索方差出	二・四三九・二	…之為探索方差出
五八・一一	有御座候得共	二・四三九・一〇	有御座度候得共
五八・一二	与へ	二・四四一・二	与、
六〇・九	東山道之	二・四四七・三	東山道手
六一・二	御願申上候以上	二・四四九・五～七	御頼申上候。右の通完速相運候様取計被下度御願申上候。以上。
六一・七	御金被成下	二・四五〇・二	御含被成下
六一・八	候而右等	二・四五〇・四	候。在候て右等
六一・八	御届可申候	二・四五〇・五	御届可申上候
六一・九	註　全集本二六六号文書として収む。但、冒頭次の文を協会本に欠く。		

日々軽暖相催候処、弥以御安康可被成御座恐慌奉存候、陳ば御出立涯不怪にて罷在候処御暇乞にも参上不仕甚不敬の仕合御有恕奉希候、扨老公御肝癪も長州変動丸大に適当いたし其後何の音も無御座大慶此事に御座

候、乍然重留公子は暫時御慎の処最早御免に相成申候、是表通の事にて無之御直に御達相成居候由御座候、長州へ入学被成御座候公子も御手許より御人被遣御呼返に相成、横山には故障申立御断申出候様との事に御座候、是が御立後肝の発動にて至て柔なる痛みにて漸く、肝熱もさめ候塩梅に御座候、御詩作杯の儀も今更御後悔と被相聞申候、其儀は家令迄御話御座候由、返々も大発にも不到、大幸の事に御座候、いづれ暴言の苦薬進上可仕事と明め居候得共、又棚の中に格護仕候。御安心可被下乍然他邦えは難説色に被相発候はん、残念の至に御座候、先大破に不及候故、又持立可申か暫時の柔ぎか程合は不相知候。

六一・一〇	御許客。	二・四七二・八	御許容。
六一・一一	候は丶。	二・四七二・九	候て。
六一・一一	被。授。候義	二・四七二・一〇	授。候義
六二・四	事に。候間	二・四七三・五	事候間
六四・五	最。上。	二・四七三・六	是。上
六二・一〇	三月三日	二・四七四・一	午三月二十三日
六五・二	態々。	二・四五一・四	態と。
六五・八	道に。はまり相成	二・四五二・二〜三	本道の。はまりに。相
六五・八	相成申候	二・四五二・三	相成居。申候
六五・一一	昼夜にて。	二・四五二・七	昼夜には。

六五・一三	候段御安慮	二・四五二・一〇	申候乍恐御安慮
六六・三	被成下間敷筈に御座候少弟	二・四五三・二	被成御座間敷筈御座候間少弟
六六・五	如何讒言にも	二・四五三・四	如何に讒口にも
六六・六	先君へ	二・四五三・五	先君公へ
六六・一〇	仕候者如何様	二・四五三・一一	仕候得ば如何様
六六・一三	儀は更に	二・四五四・四	儀にては更に
六七・八	御出勤無之…	二・四五五・三～四	御出無之…
六七・一三	侍史	二・四五五	（なし）
	（明治三年）		（明治二年）
六八・二	御出申事	二・四九六・二	御出と申事
六八・二	候間直様	二・四九六・五	候はゞ直様
六六・三	仕可此旨	二・四九六・四～五	仕可候此旨
六九・一〇	出掛	二・五一六・三	出揃
七二・八	恐悦之義	二・五三〇・一	恐悦の御義
七二・九	憤発尾州を初め	二・五三〇・二	憤励いたし尾州
七二・一〇	大同小異は有之候共御催促	二・五三〇・三	大同小異は有之候得共大体郡県の趣意（二

			行割）日々御催促
七二・一二	出来居候由	二・五三〇・六	出来居候由御座候
七三・五	被改候事	二・五三一・五	被復候事
七三・七	世運に相成	二・五三一・七	世運と相成
七三・九	被致候	二・五三一・一一	被遊
七三・一三	無之に付政体	二・五三二・五～六	無之事候間大体
七四・二	乍略儀	二・五三二・七	乍大略
七五・六	御降慮	二・五五五・七	御降意
七六・八～九	御壮健の主上と公卿方被申居候次第に御座候	二・五五八・八～一一	御壮健、近来はケ様の御壮健の主上は不被為在と公卿方被申居候次第に御座候、
七六・一〇	毎日御乗り被遊候御賦に御座候是よりは隔日の……	二・五五九・一～三	毎日御乗ひ被遊候て両三日中より御親兵を一小隊づゝ被召呼調練被遊候御賦に御座候、是よりは隔日の……
七六・一二	諸省へも	二・五五九・九	諸省も
七六・一二	私共えも	二・五五九・一〇	私共にも
七六・一三	同処	二・五五九・一一	同台

七七・八～	相拵裁判いたしポリスも附属之様子之向え召仕候模様にて小区長は右之裁判局えも出席致す賦と相見得候付右様雙方に跨り……	二・六〇五・二～三	相拵、裁判局えも出席致す賦と相見得候付、右様雙方に相跨り…………
七七・一〇	候はゞ	二・六〇五・四	候て
七八・二	明日は由井並	二・六〇五・六	明日、由利並
七八・九	候得者	二・六〇八・三	候付得と
七九・一～	処も可有之右様之算立いたし候上なれは親疎なく行届可申又戸数は……	二・六〇八・八	処も可有之、又は戸数は……
七九・六	候はゞ	二・六〇九・六	候得ば
八〇・一	何れ大蔵省	二・六一〇・四	何れ成、大蔵省
八六	二月廿八日	二・六一〇・一〇	二月卅日
八三・五	大属辺え	二・六二〇・四	大属辺の
八三・一〇	此は	二・六二一・二	此者は
八八・六	（尚書なし）	二・六六〇・一～二	尚々兵隊の破裂は恐しくも無之候得共、副城の着発弾には何とも力不及、大よはりにて御座候、御遥察可被下候、

八八・七	罷在候間	二・六六〇・四	罷在仕候間
八八・八〜	難有次第に御座候西京並に下之関……	二・六六〇・六	難有次第に御座候、西国の人心余程帰向いたし、何とも平穏の躰に罷成大幸此事に御座候。西京並に下之関
八九・一〜	御激論甚敷候、然る処海江田……	二・六六一・六	御激論甚敷、徳大寺卿も余程御論も被成候由御座候得共中々御承知の向に無之、御込の由に被相聞申候、是迄外え不相顕様包置候得共、世間え響高に相成如何にも気の毒千万の事に御座候、然ル処海江田……
八九・二	心配有之趣承居候処此節上京いたして	二・六六一・一〇	心配の趣承居候処副城公より被見込、此節上京いたし候て、
八九・九	沸騰いたし及混雑候、趣	二・六六二・九	沸騰いたし、山県引込暫時及混雑候故
九〇・四	出勤之積	二・六六三・七	出勤の賦
九〇・七	御賦	二・六六三・一一	候賦
九一・八	十月四日（明治五年）		明治六年五月四日
九二・	（なし）	二・五七一・一	尚々昨日相運候筋に御座候処、条公御不参

			にて延引相成候
九二・六	通り来る	二・五七一・四	通来る
	（明治六年）		（明治五年）
九三・二	候はゝ	二・七三六・二	候て、
九三・二	哉未た御評議無之候はゝ病を侵罷出候	二・七三六・二	哉若いまた御評議無之候はゞ何日には押て参朝可致旨御達相成候はゞ病を侵、罷出候
九三・四	候哉必彼方より引揚様申立、	二・七三六・五	候哉兵隊を御操込相成候はゞ必彼方よりは引揚候様申立、
九三・七	事相見得候に付	二・七三七・二	事は差見得候に付
九三・	候間旁斯先之	二・七三七・五	候間旁往先の
九四・三	板垣様	二・七三八・三	板垣様要詞
九四・八	候処只今	二・七四二・七	候へば只今
九五・一	更に困難	二・七四三・七〜八	甚困難
九五・一	至急	二・七四三・八	急速
九五・三	候故困窮不仕	二・七四三・一一	候故少しも困窮
九五・三	候得共		不致候得共

九五・四	の仕合に御—	二・七四四・三	の事に御——
九五・五〜六	経とも	二・七四四・五〜六	経候共
九五・六	最初より親	二・七四五・五	最初親時
九五・七	有之為めの義歟と	二・七四五・八〜九	為有之事と
九五・九	却今私共	二・七四六・六	只今私共
九五・一一	尽度義と奉存候間	二・七四七・三	尽候処に御座候間、
九五・一二	被差立彼の曲直	二・七四七・四	被召立彼の曲、分明
九五・一三	必此日	二・七四七・六	是非此日
九六・四	近頃……候間	二・七四八・三	近比……候付
九六・七	三条太政大臣閣下	二・七四八・	（なし）、
九六・一二	此分	二・七四〇・五	此旨
九七・二	板垣様	二・七四〇・七	板垣様要詞
九七・五	間敷歟	二・七四九・五	間敷哉
九七	板垣様	二・七四九・八	板垣様要詞
九八・二	差遣—	二・七五一・五	御差遣
九九・一	行届の御—	二・七五四・二	行届候御—

九九・五	全くの言訳有之
九九・七	被示賦
九九・九	参しては
九九・一三	今日は参議中に被相決候ては如何に御座候と御迫り
一〇〇・二	劣弟
一〇〇・五	御待に成り候
一〇〇・六～七	彼方え被差遣候御趣意更に不相分
一〇〇・七	判然の
一〇一・四	青山に
一〇一・一一	跡心
一〇二・二	師に
一〇二・六	余程の事とは先先の御厚志
一〇二・九	板垣様

二・七五四・七	全ク言訳の有之
二・七五五・一	被示候賦
二・七五五・四	参候ては
二・七五五・八	今日に被相決候ては如何に御座候哉ト御迫リ
二・七五五・一〇	少弟
二・七五六・三	御待被成候
二・七五六・四～六	彼方え被差遣候文案の草稿御取調被仰付、御帰迄には右等の儀御手揃相成候様無御座候ては御待被成候御趣意更に不相分、
二・七五六・七	判然と
二・七五八・五	青山え
二・七六〇・四	跡以テ
二・七六〇・七	師え
二・七六一・四	余計の事とは奉存候得共、先生の御厚志
二・七六一・七～八	板垣様拝呈

一〇三・二	板垣様	二・七六六・七	板垣様要詞
一〇三・四	此上相違無之	二・七八七・三	此上間違無之
一〇三・一〇	事共に相変し候	二・七八八・二	事共相発し候
一〇三・一〇	天下勅命軽き	二・七八八・三	為天下　勅命軽キ
一〇四・五	数は無礼	二・七九〇・三	数々無礼
	人民互に	二・七九〇・三～四	人民互の
一〇四・九	其意衷慥に相顕	二・七九〇・八	其意威底慥に相顕
一〇四・	註　此書、同文数通存するも、底本を示さゞるに因り、全集との対校必ずしも適当とせず、不取敢、ここに対校して後考を俟つ、		
一〇四・一一	被差遣候様有之度	二・七九一・二	被差遣候ては、又礼を失せられ候得ば、是非交誼を厚く被成候御趣意貫徹いたし候様有之度
一〇五・三	見据	二・七九一・七	見居
一〇五・七	明日は又々	二・七九四・二	明日は更に
一〇五・一一	副島様も	二・七九四・八	副島抔も
	（なし）	二・七九五・一一	要詞

一〇七・	(明治七年)
一〇七・八	上京之節
一〇七・九	御弘見
一〇七・一〇	之分は此通
一〇七・一一	にも明日屋敷え
一〇八・	(明治八年)
一〇八・三	御壮剛
一一〇・一二	卅一日
一一一・三	義実に遺憾
一一一・五	候ては
一一一・七	友誼
一一二・五	恐れ候ものと被察候
一一二・七	早々
一一二・八	術策より起
一一二・九	委曲相分
一一三・一〇	(明治九年)

二・八五一	(明治八年)
二・八二五・二	登京の節
二・八二五・三	御紀見
二・八二五・六	之分は――此通
二・八二五・五	にも野屋敷え
二・八七三	(明治九年)
二・八七三・一	壮剛
二・八二〇・一〇	三十一日
二・八四二・三	儀誠遺憾
二・八四二・五	候へば
二・八四二・八	交誼
二・八四四・一~二	恐れ候心底より起り候ものと被察申候
二・八四四・四	早く
二・八四四・五	術策上より起
二・八四四・七	曲相分
二・八三五	(明治八年)

一一二・一二	首王。	二・八三四・二	首だ。ま。
一一三・一	今三寸位。も	二・八三四・三	今三寸許。も
一一三・三	間。隔。	二・八三四・五	官。隔。
一一三・五	難。逃。御座候	二・八三四・七	難。相。迯。御座候
一一三・七	に候。へと。も。一日二つか位は	二・八三五・一	に御。座。候へ共。只。今。は。一日二つか位は
一一七・六	諸。隊	二・九二八・一	各。隊
	及候而。勝算		及び候、勝算
一一七・七	急。迫	二・九二八・四	窮。迫
一一七・一一	各隊長	二・九二八・六	各隊長宛
一一八・二	主。意	二・九三七・二	趣。意
一一八・二〜三	法廷に於て死する賦に候間今一層奮発し後世に、	二・九三七・三	法廷に於て斃。れ。候。賦に候間一。統。安。堵。し。此。城。を。枕。に。し。て。
一一三・一二	上巳。之節句	二・八三五・八	上己。之節句
一一七・四	(明治十年)	二・九二一	偽文書として不採
一一七・一〇	八月五日	二・九二八	八月六日
一一八・三	今一層奮発し後世に恥辱を残さゝる様此時	二・九三七・三	一統安堵し此城を枕にして決。戦。可。致。候。に。

Location (1)	Text (1)	Location (2)	Text (2)
	を明らめ此城を枕にして決戦致さるへき義		付、今一層奮発し、後世に恥辱を残さゞる
	肝要之事に候也		様に覚吾肝要に可有之候也
一一九・五	御馴々敷。	一・二〇一・二	御馴ヶ敷。
一一九・一〇	疑惑。	一・二〇一・八	疑迷。
一二〇・二	相尋。	一・二〇一・一一	相見得。
一二〇・六	訳の。	一・二〇二・四	訳も。
一二〇・一〇	塩梅に	一・二〇二・一〇	塩梅にて。
一二一・五	無之候ては。	一・二〇四・四	無之ては
一二一・六	申込にて。	一・二〇四・五	申込候。て
一二一・六	候て。	一・二〇四・五	候はゞ。
一二一・八	相立候。哉	一・二〇四・九	相立据。哉
一二二・二	つ。まりハ	一・二〇六・五	し。まりは
一二三・五	貴公にて	一・二〇七・三	貴公方。々。にては。
一二三・五	疎略。	一・二〇七・四	疎事。
一二三・八	論。難。	一・二〇八・一	難。論。
一二三・一三	候て。	一・二〇八・八	候は。ゞ。

二三・三	成るとの
二三・六	御延引被成つまりハ
二三・一三	被為仕度
二四・一三	追込候
二五・一	智慮
二五・二	陝少にて
二五・二	計にて
二五・五	参着にて
二五・一〇	新蔵船手当
二六・四	相立候て
二六・五	御志
二六・六	候趣
二六・一二	申ので
二七・四	人々も
二七・五	人へも逢不申
二七・九	立兼

一・二〇九・四	成さるゝとの
一・二一〇・一	御断被成つまりにつまり候はゞ
一・二一〇・一〇	被為在度
一・二一二・一一	追込候はゞ
一・二一三・二	智恵
一・二一三・	頼少にて
一・二一三・六	事計にて
一・二一四・一	参考にて
一・二一四・三	新蔵にも船手当
一・二一六・六	相立候はゞ
一・二一六・八	御大志
一・二一六・九	候故
一・二一八・一	申入
一・二一八・七	人々は
一・二一八・八	人え取逢ひ不申
一・二一九・七	言兼

一二八・一三	御論御正敷	一・二三二・一一	御論は正敷
一二九・一〇	可申上	一・二三四・九	可申出
一三〇・八	せわしき故	一・二三六・八	せはらしく故
一三〇・九	候跡は	一・二三六・九	候期は
一三〇・一〇	志にては	一・二三六・一一	甚にては
一三〇・一二	座供の役	一・二三七・五	御供の役
一三一・二	面白きことにて	一・二三八・一	面白きものにて
一三一・四	仮屋本へ	一・二三八・四	仮屋本より
一三一・七	咄候	一・二三八・八	吐候
一三二・七	田中河内之助	一・二三一・六	田中河内介
一三三・三	難叶	一・二三二・一一	難計
一三三・四	言出る儀	一・二三三・二	言出候儀
一三三・一一	紛情	一・二三五・三	残情
一三四・八行	註　全集本は尚書を欠き又別文書として之を文久二年八月廿日付木場伝内宛答書として掲く、		
一三四・九	当人へは	一・二三九・二	当人には
一三五・三	不作人へは	一・二四〇・四	不作入者へは

一三五・五	其権無之申通を以おし	一・二四〇・六	其権全無之申通を以テなし
一三五・九	大島は	一・二四〇・一一	大島よりは
一三五・一〇	根付にて	一・二四一・一	様付にて
一三五・一二	居候処不馴始終始ての	一・二四一・四	居候故不馴不遠始終始ての
一三五・一二	させる取にくり	一・二四一・四	させが取りにくり

一三六・二　註　全集本は一三六頁二行目以下に次の文を掲ぐ、

七月十八日付の貴札、八月十九日相届御懇札難レ有拝見仕候。残暑無二御痛一御勤仕の段大慶奉レ存候。随て野生無二異儀一岡前と申ス辺鄙に罷在候間乍レ憚御降意可レ被レ下候。陳ば一橋尾の二公御出世の段雀踊此事に御座候。先便長文差上候付相届候はん。若哉間違難レ計当所詰役方より上封いたし貰候間、相違は有レ之間敷奉レ存候。其節申上候一件の趣にては無レ之哉。又相変《かわり》登城にても相成御政事向御相談にても御聞被レ為レ成との趣相成候哉、夫迄には至り申間敷、粟田宮参殿相成候様罷成候よし、左様の向には些六ケ敷、当分相国寺の房中廃庵に御住居にて、三度の御食事さへ

伏見宮様より御続にて、御付一人罷在候由、長歎息の至に御座候〇先便長き不綴《ふつゞり》の夢物語差上候通の時勢に御座候間、来春御着府の上は決して、私儀一言も御咄被レ下間敷、尤平常の訳にて御召返共御座候ても、再上国は仕不レ申了簡に御座候。此世の中如何様保薬を当候ても内症外邪不レ可レ治の極に至り候間、三五年を不レ出して

変乱に入候儀相違無レ之、其内は決して当島を出不レ申考に御座候。又、当時余程奇虚の取技のみ有レ之候間、何れ二度押の御手数も難レ計、其からきこと酒塩などにて追付丈の事には無レ之候御遥察可レ被レ不候、中々島元よりは

御府内の事書面共にては察する所合不レ申候。ケ様の躰に罷成り三十日も我家に不レ在して、又遠島と申は、誠に稀成ものに御座候。此場に相成、憤激して変死共いたし候ては、残恨の次第にて決してもふは行迫らず、命を奉じて、死を賜とも如何共従容として畏《かしこま》る考に御座候。御安心可レ被レ下候。変事に当り、色々了簡も変るものに御座候。また命もおしかるかと申人も有レ之筈御座候得共惜むは何ケ度でも惜しむ考に御座候。御一笑可レ被レ下候。○膝素立の御扱誠に驚候次第に御座候。夫迄は迚も出来不レ申候儀と相考居候処、案外の訳に御座候。先生故決して冠を振り可レ申と明め居候処実に御蔭を以て、先生も先生になり、後世に残り可レ申候。此度は昔日に打変り何も聞不レ申、当島の事などは丸で夢にも見不レ申候。乍レ然此度の代官は余程最初よりかゆき処に手が付模様にて一同悦び居申候○宮登喜一条色々御世話成し被レ下難レ有御厚礼申上候。女子出生の由、是は考に相違ひ申候。先便には決て男子と推計申上候処、女子の由、何にても乍二幽囚一も祝敷御座候。召使置候女の儀決して渡海不レ致様、尚又御頼申上候。桂氏滞島中は少しも懸念無レ之候間、安心致し居候様、御申付可レ被レ下候。尤桂氏若哉上国共相成候はゞ、大島迄は島替被二仰付一候筋、御周旋相願申候。桂氏大島へ罷在られ候ては六ケ敷由承り申候。是は奇妙の事に御座候。此旨御礼答如レ此御座候。恐々謹言。

八月二十日認

	木場伝内様		大島三右衛門
一三六・八	益夜深く	一・一六七・五	益報深く
一三七・六	御陣所を	一・一六九・七	水陣所を
一三七・九	奉献に	一・一七〇・三	奉献候
一三七・一二	師気之毒千万	一・一七〇・九	阿気の毒千万

註　協会本一三八頁尚々書は全集本掲載の写真に依れば袖書の行間書の態たり。又曰、本書の年代は全集本に依れば万延元年とあり、宛所の大税有吉とは大久保、税所、有村（海江田）吉井の四人宛の意ならむ。

一三八・九	幕奸え箇様〱と	一・一六五・五	幕へケ様〱と
一三九・二	死亡之段	一・一七一・一〇	死去之段
一三九・三	儀之仕合	一・一七一・一〇	涙の仕合

註　協会本一三九頁四行目大義之一挙云々以下は全集本に依れば安政六年正月二日付の大久保正助宛答書とあり。

一三九・四	御策略	一・一三七・一	御策問
一四〇・一	遅議仕候	一・一三八・一一	遅疑仕候
一四〇・二	無之候	一・一三九・一	非候

一四〇・七	御取被下度
一四〇・八	愛続こと
一四〇・一〇	彼の
一四〇・一一	大幸子
一四〇・一二	忠義を
一四〇・一三	必す□□に
一四一・三	可申奉存候もふ
一四一・一三	御考
一四二・一	間々御評儀
一四二・三	□□之儀
一四三・六	○○四度
一四三・九	○打落
一四五・四	城涯
一四五・七	駅おひて相戦居候
一四五・一〇	賊首
一四六・一〇	成之候故大ニ心配

一・一四〇・三	御取可被下
一・一四〇・五	受候こそ
一・一四〇・一一	儀の
一・一四一・一	大孝子
一・一四一・三	節忠を
一・一四一・七	必ず外事の
一・一四一・一〇	可申もふ
一・一四三・一〇	御尽
一・一四四・一	一同の御評議
一・四四・六	捨文之儀
一・一五・五	決死儀四度
一・一六・一	脈打落
二・三二六・八	堀涯
二・三二七・一一	駅相戦居候
二・三二七・三	賊兵
二・三七一・二	成立候故ニ心配

一四六・一二	御暇ヲ仰出候筋承知	二・三七一・三	御暇被仰出候様承知
一四六・一三	将又	二・三七一・四	扨又
一四七・一	余ハ明日期御面上候	二・三七一・五	余は期御面上候
一四七・五	拝復	二・三七一・六	(なし)
一四七・八	帰坂候賦ニ御座候間	二・三二五・二	帰坂の賦に御座候間
	不被仰付候	二・三二五・三	不被仰候
一四七・一〇	帰候て	二・三二五・五	帰候はゞ
一四八・四	御超蔵	一・八一三・一	御越歳
一四八・一三	何迄ニ	一・七一四・一〇	何れに
一五〇・二	ナルモノト	一・七二六・二	ないものと
一五〇・一〇	居候由御座候	一・七二七・一	居候由是が第一の邪魔を致すと申居候由御座候
一五一・九	御尊論	一・六七九・五	御尊論
一五二・三	為疎候	一・六八〇・一〇	被為疎候
一五二・六	費ヲ	一・六八一・四	費用を
一五二・一一	候一ハ	一・六八二・六	候はゞ

一五三・四	モノハ
一五三・四	改不申候而ハ
一五四・一一	相迫候ハヽ
一五五・一	被相聞候
一五五・一一	差候向ニ
一五五・一二	変テ生シ候儀
一五七・八	(日付・宛名・署名)
一五八・三	木脇権一兵衛
一五九・四	九月十七日夜
一五九・六	御安康之
一五九・七	御安意
一五九・九	嚀承有
一五九・一一	決而乱相始候
一六〇・二	被計候はヽ
一六〇・六	尚々
一六二・三	相成候て

一・六八三・八	もふは
一・六八三・八	致不申候ては
一・六八九・七	相廻候はゞ
一・六九〇・三	被相伺申候
一・六九二・二	忌候向に
一・六九二・七	変を突候儀
	(日付・署名・宛名なし)
一・六六〇・七	木脇権兵衛
一・六六〇	(夜)なし
一・二七二・四	御安康之由
一・二七二・六	御安慮
一・二七二・八	嚀承り
一・二七三・二	決て内乱相始候
一・二七三・六	被計候て
一・二七四	(尚々書は冒頭におく)
一・六四九・三	相立候て

一六二・一二	不罷出候て。
一六二・一三	申越に。
一六四・二	仕候処々。能。
一六五・三	使者両。人。岩国江
一六五・五	戸川伴。三郎
一六五・七	渡辺藤。太松島。幸。蔵毛利登
一六六・二	水人入込。候
一六七・一二	咄合。申。候
一六八・一二	申訳に。被。申立候趣は、
一六八・一三	仕向候は。丶。
一六九・一〇	直様後藤。英船へ
一六九・一一	不相立故。土州と
一七二・一	一蔵候。
一七二・二	大蔵省江。
一七二・四	都。而
一七二・五	大隈杯。江。ハ

一・六五〇・三	不罷出候はゞ。
一・六五〇・四	申越候。
一・六一〇・六	仕候処能。々。
一・六一〇・九	使者岩国へ
一・六一〇・一一	戸川鉡。三郎
一。六一一・三	渡辺内藤太・松崎。剛。蔵・毛利登人。
一・六一二・一	水人。入。候
一・八一四・九	咄有。之。候
二・八・九	申訳にて。申立候趣は、
二・九・一	仕向候へ。ば。
二・一九・三	直様英船へ参候処
二・一九・四	不相立事。故。土州と
二・二三・九	一蔵様。
二・六二五・一	大蔵省に。
二・六二五・三	却。て
二・六二五・五	大隈え。は

一七二・六	成立可申其節	二・六二五・六	成立可申候其節
一七二・八	夫故	二・六二五・八	其故
一七二・一〇	無之様	二・六二六・三	無之候様
一七二・一〇	能受合相成	二・六二六・三	能懸合相成
一七三・一	五月三日　西郷吉之助 桂四郎様		五月三日　西郷拜 桂様要詞
一七三・一〇	一蔵殿	二・二六・一〇	一蔵様
一七四・一	御養生可被成候扨又土州之後藤	二・三一・一〜三	御養生可被成候、当人看病方にて夜白難渋いたし申候実に難症にて込入申候扨土州の後藤
一七四・七	長州蔵屋敷	一・四三四・一	長藩蔵屋敷
一七六・一二	何れも	二・六三二・七	何とも
一七七・五	候哉にて	二・六三三・七	候儀にて
一七七・一〇	一年位可差可候	二・六三三・一〇	一年位か差出候
一七七・一〇	何れも	二・六三三・一一	何とも
一七八・一	申解候方歟	二・六三五・五	申解候印か

一七八・五	六月廿五日	二・六三五・一一	六月二十三日
一七八・八	向々及談判	一・七六八・三	細々及談判
一七八・一〇	幕具有之	一・七六八・六	幕臭有之
一七九・二	事余外国人可存	一・七六九・二	事件外国人に存
一七九・七	申立わひ	一・七六九・九	申立とは
一七九・一一	相離レ	一・七七〇・二	相離し
一八〇・四	相成候て	一・七七〇・九	相成候はゞ
一八一・一	左候而	一・七七一・一一	左様無之候ては
一八一・二	外国江は	一・七七二・三	外国には
一八一・四	故府江	一・七七二・六	政府に
一八二・一	(大久保一蔵宛)	一・七六八	(岩下佐次右ヱ門宛)
一八二・七	相調置申度	一・二六九・三	相備置申度
一八八・一	註　全集本に依れば文久三年土持政照の代筆とあり。		
一八四・一二	賦は	一二・七二八・五	一賦に
一八八・三	註　全集本三巻に起草年次不明草稿本第三として収む、而して同書編者云「鹿児島県令へ稟申したものであるが末尾の文より察するに多数連名の申立てらしく思はれる」と云々。尚此書前欠か。		

一九三・一	註　本書尚々書の位置両著異にす、又、協会本百九六頁「追替上」以下「余念無御座候」まで、全集本には欠ける。		
一九三・一一	御座候御苦察	二・五四七・二	候まゝ御苦察
一九五・八	勝房州も	二・五四五・一	勝房州に
一九八・九	御賢愛	二・五五二・一	御賢固
一九八・一二	相成候而	二・五五二・五	相成居候て
二〇一・四	ロを開して	二・四六七・三	ロを（一字不明）して
二一〇・一二	岩倉具視様	二・九六・四	岩倉入道
二〇八・一	御安泰	一・四八六・一	御安康
二〇八・一	御泊合	一・四八六・一	御談合
二〇八・二	御旅亭江	一・四八六・二	御旅亭に
二〇八・三	御示	一・四八六・三	御示論
二〇八・五	勝安房守様御取次衆	一・四八六・八	勝安房様
二〇九・一	太政官三職	二・九三・七	太政官代三職
二〇九・八	御条迄	二・九四・七	御一条迄
二二四・三	相迫候	一・三七五・一	相募候

二二五・一一	茶買取候	一・三七七・五	茶買円候
二二五・一二	差置候	一・三七七・七	差下候
二二六・一三	其内便掛	一・三七九・二	其内汐掛
二二八・三	御着もふ相分候	一・三四七・六	御着も不相分候
二三〇・八	標題なし	一・八二八・一	慶応三年五月初旬島津久光兄建言書
二三二・六	決而御登用	一・八二六・五	御登用
二三二・一〇	被思食候ニ	一・八二七・二	被思食候はゞ
二三三・六	別啓……		別啓以下を欠く
二三九・二	切口	一・五六一・一	攻口
二三九・一一		一・五六二・一	長州……以下の追記を欠く
二四二・一〇	御咄ニハいたし	一・五三九・五	御咄いたし
二四三・九	御座候由余程	一・五四〇・六	御座候由乍然余程
二四四・七	御道書	一・五四一・八	御直書
二四一・一二	註　全集本には本書冒頭の「異人之」云々。の前に左記掲載の文書を合せ載せたり。〔一・五三六・一〕		

水府の大混雑沙汰の限りに御座候。有志連も二つに相分れ、俗党激党と相唱候由、一方は奸党にて幾度も合戦に及候由に御座候。然処宍戸侯為二御目代《おんもくだいとして》一水戸表へ被二相越一候得共、奸党の者共城中へ不二相入一是又合戦いた

し、既に一城踏破勢に成立候処、田沼侯え加勢を乞、幕府の人数を繰込候付、無レ拠山野辺の一城に陣を取、宍戸侯は只安然として傍観いたし被レ居候由に御座候。水当侯は奸党を御用ひ相成、幕府へ阿従いたし、此大破に及候事と被ニ相聞一申候。幕府においては此機会に乗じ、水戸を打て崩の策と相見得、両虎相争はせ候謀と相聞《きこ》得《え》申候。迚も水戸は今通にては倒れ候外無レ之様子に御座候。筑波の党も別に相分れ候。天狗連が三派に分候向に御座候。然れ共奸党よりは三党共相悪み候姿に相聞得申候。実に歎敷次第に成立申候。

	(尚々書冒頭)		(尚々書末尾)
二四五・二	進討	一・四二九・二	追討
二四五・七	六ツ時分	一・八八〇・二	二ツ時分
二四七・一〇	十時過に	一・八八一・三	十時迄に
二四八・九	能く乗り	一・八八三・二	能く参り
一四八・一一	仏人申には	一・八八三・五	仏人中には
一四九・四	諸藩を	一・八八四・一〇	諸侯を
二五二・一	御安康至与奉存候	二・四〇三・二～三	御安康珍重奉存候
二五二・九	強兵を名ヲ得候	二・四〇四・八	天下に強兵以テ名を得候
二五三・八	御役局相立ツ居候居共払渡方ハ被廃	二・四〇七・二	御役局相立候□候得共払渡方は被廃、
二五四・四	而被総候得は都而	二・四〇八・一〇	て占総候得ば都て

二五五・五	一時々々に当番より	二・四一一・五	一時々々に右。の。当番より
二五五・八	但字以下十七字全集本二段落但書とす、		
二五五・一〇	廿五日	二・四一二・四	二。十。五日（写真によれば廿五日）
二五八・三	相扣。	二・一五七・三	相控。
二五八・三	三藩より。之。談判	二・一五七・三	三藩よ。り。談判
二五八・四	御伺。申上置候付其。様	二・一五七・四	御届。申上置候付左。様
二五八・四	得貴。意候	二・一五七・五	得御。意候
二五八・一二	十三。日比	二・三五〇・一	十二。日比
	弐。百人許。	二・三五〇・一	二。百人計。
二五六・一	逃。走。候由	二・三五〇・二	迯。去。候由
二五六・六	廿。日	二・三五〇・八	二。十。日
二五七・八	拝。話	一・五七三・五	相。話
二五九・一	勝利。ハ。不構	一・三五三・七	勝手。は。不構
二五九・五	御座候ニ。付。	一・三五四・五	御座候間。
二五九・六	御取調可被（下脱カ）歎息之至ニ御座□。□。□。分而	一・三五四・五	御取調被（此間破損）歎息の至に御座候。此。段。分て。

二五九・一〇	天保山洋。江	一・四五六・二	天保山沖。え
二六〇・一三	御向。阪。	一・四五七・一〇	御下。坂。
二六二・一	国論	一・八六三・七	御。国論
	註　本書の起草は慶応三年の薩長盟約に係るものならむ。		
二六三・二	人数より。。	一・一二七・一	人数など。。
二六三・九	長　監物	一・一二七・一〇	長岡。監物
二六三・一三	椎原与三郎。	一・一二八・四	椎原与三次。
二六四・九	自分。注進	一・九七・三	自ら。注進
二六五・一	案方。仕候	一・九七・六	案労。仕候
二六五・五	水藩ニ。	一・九八・四	水藩は。
二六五・七	珍事。	一・九八・八	珍時。
二六五・八	火消ニ。は。	一・九八・一一	火消の。者。
二六六・一〇	其他之。	一・一〇一・五	其外の
二六七・三	御力と。	一・一〇二・六	御力に。
二六七・九	こたゝみ。し。候	一・一〇三・一〇	こたゝず。み。候
二六七・一一	品。々。右之。始末	一・一〇四・二	早。々。右の。始末

二六八・三	此書
二六九・四	御出府
二六九・一一	私江も
二六九・一一	御返事之趣
二七〇・一	可被尽
二七〇・一	月首ニ而
二七〇・四	御聞過に
二七〇・五	当上様
二七〇・六	御出殿
二七〇・六	御供御人数も相障
二七〇・八	振込
二七〇・一〇	を以も別ニ
二七〇・一一	すわり候様可宜敷被尽仕候
二七一・二	土殿土屋
二七一・五	有馬著之上御決而
二七三・一	士官へ

一・一〇五・一	此旨
一・一一五・三	御着府
一・一一六・三	私にも
一・一一六・四	御返事の趣には
一・一一六・七	可相尽
一・一一六・七	是にて
一・一一七・一	御聞通に
一・一一七・二	御意当然
一・一一七・五	御出府
一・一一七・五	御供方人数も故障
一・一一七・八	振□
一・一一八・二	を以て細々
一・一一八・五	すはり候処可相尽参仕候
一・一一八・一一	土州土屋
一・一一九・五	有馬着の上は
二・六五〇・二	史官へ

二七四・一一	給候て	二・七一八・八	給候はゞ
二七六・二	御引之処御内決	二・六九四・六	御返の処御内決
二七九・二	順達の写	二・三八三	(なし)
二七九・一二	八月廿日　本営	二・三八四・八	八月廿日
二八〇・五	符箋ニテ左ノ通リ	二・三八四	(なし)
二八一・八	御取調方	二・四五九・三	編者「御取潰方」の誤写かとす。
二八一・一〇	候処大ニ人数も	二・四五九・五	候処右の人数もカ
二八一・一三	御拵	二・四五九・九	御扱
二八一・一三	明分	二・四五九・一〇	明日
二八二・七	左候而此　郷内	二・四六〇・六	左候て此淮カ御内
二八二・九	れ此　引移方	二・四六〇・八	いづれ此淮カ引移方
二八二・一〇	候へハ　物御計	二・四六〇・九	候へば御カ物御計
二八二・一一	左様御　得	二・四六〇・一〇	左様御納カ得
二八六・六	大概六月廿日八代江	二・九二三・四	大概今日共は八代え
二八六・一三	先　摩《ママ》江	二・九二四・一	先球摩え
二八九・六	来候而給リニ至	二・七八一・五	来候て終りに至

二八九・七	間敷与□より	二・七八一・三	間敷と乍漸口より
二八九・七	考究て	二・七八一・四	差究て
二九一・	註　全集本宛所「新田新八」を欠く。		
二九一・五	古　江八	二・三九一・三	右「士隊カ」江八
二九一・一二	木場左内	二・六一・二	木場伝内
二九四・一	若御登	二・六八九・一〇	先御登
二九六・一	選ひ出され	一・二八三・一	ゑらみ出され
二九六・一	万人の上に	一・二八三・一	万人の頭に
二九六・一	人民の司命	一・二八三・一	人民の死命
二九六・五	如何程	一・二八四・八	如何様
二九六・七	上役にては	一・二八五・八	頭役にては
二九六・一三	不被成故	一・二八六・三	不被為成故
二九七・三	なく候深く心を	一・二八七・一	なく候へば深く心を
二九七・八	合点して	一・二八八・七	合点いたして
二九八・一	持前に候	一・二九〇・三	持前にて御座候
二九八・四	あらすと心得ては	一・二九〇・七	あらずとよそに心得ては

二九八・七	役人の節	一・二九一・三	役場の節
二九九・五	肝要に	一・二九三・一三	要務に
二九九・一	致す事にて	一・二九五・二	致す事あり
三〇〇・三	仁恕の大意	一・二九五・九	仁恕の大本
三〇〇・六	最初出来の分は	一・二九六・八	最初出米の分は
三〇〇・一三	無之と	一・二九八・一	無之〳〵と
三〇一・一	古人も論判せられたり	一・二九八・四	古人も厚く論判いたしたり
三〇一・二	百姓は	一・二九八・六	其外百姓は
三〇七・五	伏乞……	三・一二一四・一一	伏乞……以下九字なし

三〇七・七　註　此書協会本「祭台湾戦士者文」と題すも文旨全集本三巻一二一一頁所収「祭戊辰戦死者文」に頗似たり、参考のため左にそれを示す、

夫生者之有死自然之理豈逃之乎然死者人之所難焉独臨大義棄之軽於鴻毛矣以其為難者軽而棄之可謂交誼之至也此非依人之言強為之者皆自感発而忘生衆人不期而帰一致所謂神盟者也是所以従事於戊辰之役尊王救万民塗炭之苦也於是我徴兵八番小隊中一心同体猶右手有急左手不覚応之何侍令為之乎嗟乎当難戦急激之間一隊分離四方無暇救之憤戦衝突而終斃寛不異割吾骨剖吾肉歴年経月猶不可堪切痛矣於是同隊保余生者相会録戦亡之姓名居是干席上永不失神盟之義而欲不以存亡有親疎顧踏大義謁於泉下必不噤口也請以之慰霊魂焉

三〇九・一一　註　全集本は吟壇および五言絶句を欠く

三一〇・六　註　全集本は年月日署名を欠く

西郷隆盛謹誌

以上がその大要である。元来、全集本は旧島津公爵家編輯所に所蔵する写本を底本とし、原本並に諸写本を以て校合し、補修したものである。而して所在の判明するものは註記し、重要なるものは写真を掲げ、各書翰毎に解説を施している。その編輯には主として渡辺盛衛氏が当った。渡辺氏は昭和十五年になってこれを補修して『大西郷書翰大成』五冊を刊行した。

全集本の編輯に際しては協会本から採録したと思われるものもあるが、なお協会本にのみ存するものもある。協会本は写本のみでなく、原本に拠った跡も見られ、今後精査して利用すべきである。

また初版の協会本には目次を欠いたが、再版に当っては新に作製して文書番号を付し、宛先等を標出して利用の便を図った。発信の年代も推定して附記したが、早急のために完備するに至らなかった。

日本史籍協会叢書 102

西郷隆盛文書《さいごうたかもりもんじょ》

発行 一九二九年一二月二五日 発行
二〇〇三年一二月 一 日 覆刻再刊

［検印廃止］

編者 日本史籍協会

発行所 財団法人 東京大学出版会
代表者 五味文彦
一一三―八六五四 東京都文京区本郷七―三―一 東大構内
電話＝〇三（三八一一）八八一四
振替〇〇一六〇―六―五九九六四

印刷所 株式会社 平文社

製本所 誠製本株式会社

日本史籍協会叢書 102
西郷隆盛文書（オンデマンド版）

Digital Publishing

2015年1月15日　発行

編　者　　日本史籍協会
発行所　　一般財団法人　東京大学出版会
代表者　渡辺　浩
〒153-0041　東京都目黒区駒場4-5-29
TEL　03-6407-1069　FAX　03-6407-1991
URL　http://www.utp.or.jp

印刷・製本　　株式会社 デジタルパブリッシングサービス
TEL　03-5225-6061
URL　http://www.d-pub.co.jp/

AJ001

ISBN978-4-13-009402-3　　Printed in Japan